EXÉGÈSE ET KÉRYGME

435 rue St-Roch, CP: H3N 1K2 Montréal, Canada
www.guerinscholarspress.com
info@guerinscholarspress.com
ISBN: 978-0-9958987-5-2
Couverture conçue par webecologik.com

Jean Koulagna

Exégèse et kérygme

Une introduction pratique à l'exégèse biblique au service de la prédication

Guérin Scholar's Press
Montréal

Du même auteur

En sciences bibliques

- 2014. *Exégèse et herméneutique en contexte: réflexions méthodologiques,* Yaoundé, Dinimber & Larimber
- 2010. *Dire l'histoire dans la bible hébraïque: perspectives exégétiques et herméneutiques,* Stavanger, Misjonshøgskolens Forlag
- 2010. *L'Ancien Testament, pour commencer,* Stavanger, Misjonshøgskolens Forlag
- 2009. *Salomon de l'histoire deutéronomiste à Flavius Josèphe: problèmes textuels et enjeux historiographiques,* Paris, Publibook.

Dans d'autres domaines

- 2016. *Être Église ensemble,* Yaoundé, Dinimber & Larimber
- 2015. *Église africaine et homosexualité: réflexions bibliques et contextuelles,* Yaoundé, Éditions CLE
- 2013. *Bible, Église et société,* Yaoundé, Éditions CLE
- 2010. *Le christianisme moderne (16e-20e siècles): promesses et contradictions,* Yaoundé, Éditions CLE
- 2007. *Le christianisme dans l'histoire de l'Afrique,* Yaoundé, Éditions CLE

Avant-propos

La rédaction de ce livre a été motivée à la suite du cours que nous avons donné à l'Institut œcuménique Al Mowafaqa de Rabat, au Maroc, en octobre 2017. L'argumentaire de ce livre m'a été indiqué par ledit Institut, ce qui nous a permis d'avoir la matièredont les principaux éléments sont issus des cours qui ont été dispensés dans plusieurs institutions différentes:

- le cours d'introduction à l'exégèse de l'Ancien Testament donné à l'École Luthérienne de Formation Biblique et Théologique (ELFBT) de Garoua-Boulaï au cours de l'année académique 1999-2000;

- le cours d'initiation au Nouveau Testament donné à l'Institut Luthérien de Théologie de Meiganga (ILTM) au cours de l'année académique 2000-2001;

- le cours d'initiation à l'Ancien Testament donné dans le même Institut au cours de l'année académique 2007-2008;

- les cours d'introduction à l'exégèse de l'Ancien Testament et de philologie biblique ainsi que les séminaires d'herméneutique dispensés, toujours dans le même Institut, sur plusieurs années, aux niveaux de licence et master;

- les cours d'introduction à l'Ancien Testament et au Pentateuque dispensés en L1 et L3 à la Faculté de Théologie Protestante de l'Université de Strasbourg (FTP-Unistra) au cours du premier semestre 2012-2013 ;

- le cours sur l'intertextualité donné dans le programme de master en sciences bibliques de la Faculté de Théologie

Évangélique Shalom (FATES) de Ndjamena en novembre 2015;

- le cours d'introduction à l'exégèse donné à l'Institut Al Mowafaqa de Rabat en octobre 2017.

Le livre est donc le fruit d'une synthèse de plusieurs années d'enseignement et de recherche en exégèse et herméneutique bibliques. Il intègre, outre les données des cours ci-dessus mentionnés, des éléments issus d'articles scientifiques préparés à diverses occasions, publiés ou en cours de publication. Cela lui confère une certaine consistance et densité, mais pourrait également l'affecter d'une organisation assez lâche et d'un style parfois trop moyen. Mais si cela peut permettre une lecture plus facile, surtout pour des lecteurs peu ou pas spécialisés, au moins un pari aura été gagné.

Comme manuel pratique, ce document est conçu de façon à faire accompagner, autant que possible, les éléments théoriques d'exercices pratiques d'application sur des textes choisis à cet effet. Ces éléments pratiques sont mis en exergue par des italiques et des mises en retrait du texte.

Les exercices pratiques et illustratifs sont mis en retrait, avec une réduction de la taille de police à 10 comme pour les citations longues détachées. La différence est que ces dernières ont un retrait à droite comme à gauche alors que les textes illustratifs ont un retrait uniquement à gauche.

Le dernier chapitre présente parfois une mise en forme différente, avec des textes mis en retrait de façon à créer un effet visuel de dialogue entre des éléments théoriques et des éléments pratiques.

Je saisis l'occasion pour exprimer ma gratitude à tous ceux et celles qui ont contribués de près ou de loin, directement ou indirectement à la réalisation de cette œuvre qui, je l'espère, sera d'une certaine utilité pour les étudiants, pasteurs et associés, et prédicateurs laïcs. Des remerciements particuliers vont:

- à l'Église Évangélique Luthérienne du Cameroun (EELC) qui m'a formé dans ce domaine et m'a fait confiance en me confiant très tôt la responsabilité de la formation de ses pasteurs;

- aux institutions sœurs (FTP-Unistra, FATES et Al Mowafaqa) et à leurs responsables qui, en m'associant à leurs programmes respectifs, m'ont donné l'occasion de partager mon expérience et poussé à créer des cours nouveaux qui ont enrichi cette expérience;

- aux collègues de l'ILTM, en particulier le Pasteur Félix Ndoyama avec qui j'ai partagé le séminaire d'herméneutique pour les étudiants de Bac 4 et Licence 4 professionnelle sur plusieurs années;

- aux étudiants de l'ELFBT, de l'ILTM, de la FTP de Strasbourg, d'Al Mowafaqa et de la FATES pour les discussions engageantes et leurs questions qui m'ont souvent permis d'approfondir et d'élargir les horizons de mes propres connaissances, voire souvent de prendre du recul par rapport à tel ou tel détail ou à tel ou tel dossier;

- à tous ceux qui m'ont toujours encouragé dans ma démarche et mon travail ;

- à ma famille qui me soutient et supporte souvent mes nombreux voyages et les absences subséquentes pour que tout ceci soit possible.

Que la lecture de ce document soit une bénédiction pour vous, et que votre lecture de la Bible, Parole de Dieu, votre méditation de cette Parole, et votre proclamation de l'Évangile en soient richement nourries.

Meiganga, le 13.12.2017
J. K.

Abréviations et sigles couramment utilisés

Ant.:	*Antiquités juives* de Flavius Josèphe
AT:	Ancien Testament
BETL:	Bibliotheca Ephemeridum Theologicarum Lovaniensium
BHK:	*Biblia Hebraica de Kittel*
BHQ:	*Biblia Hebraica Quinta*
BHS:	*Biblia Hebraica Stuttgartensia*
Éd/éds:	éditeur/éditeurs
HBCE:	*The Hebrew Bible: A Critical Edition*
HUB:	*Hebrew University Bible*
Ibid:	ibidem = même ouvrage
Idem:	même endroit
J.C.:	Jésus Christ
JSS:	*Journal of Semitic Studies*
LXX:	Septante
NA:	Nestlé-Aland - *Novum Testamentum graece* d'Eberhard Nestlé et Kurt Aland
NRT:	*Nouvelle revue théologique*
NT:	Nouveau Testament
OHB:	Oxford Hebrew Bible
Op. cit.:	ouvrage cité
Spéc./spec.:	spécialement
TM:	Texte massorétique
VL:	Vetus latina (vieille version latine)

Pour les livres bibliques, les abréviations sont celles de la Nouvelle Bible Segond (NBS).

En guise d'introduction

L'exégèse biblique est au cœur de la théologie chrétienne; elle en est même le fondement. Mais elle est aussi au cœur de la méditation de la Bible en tant que Parole de Dieu pour le lecteur croyant ordinaire. Elle l'est dans ses différentes branches, entre autres la critique des sources et des formes qui replacent les textes dans leur environnement d'origine, la critique textuelle et la critique rédactionnelle. Celles-ci permettent d'établir le texte au milieu de traditions textuelles souvent extrêmement variées à cause de l'histoire de sa transmission, et d'obtenir un texte fiable de la Bible. Souvent, le lecteur non averti ne se doute pas de toutes les éruditions qui ont été à l'œuvre pour qu'il puisse tenir une bible entre les mains.

Le présent manuel entend ainsi introduire les étudiants débutants dans les enjeux, les outils et les méthodes de cette discipline, en leur ouvrant une fenêtre sur l'histoire des textes et de la constitution de la Bible en tant que corpus et canon. Car la Parole de Dieu, qui nous parle dans la Bible, est une parole reçue, interprétée et transmise de génération en génération, par une infinie nuée de témoins.

Et à cause de cela même, notre approche, tout en respectant les exigences scientifiques et méthodologiques, sera orientée vers la finalité ecclésiale de l'exégèse, à savoir la prédication. En Église, c'est d'abord à cela que sert l'exégèse. Celle-ci doit permettre, au-delà de l'étude d'un texte, une méditation et un dialogue avec la Parole de Dieu, pour féconder et nourrir notre foi et notre relation à Dieu ainsi que notre action en société. Elle prépare, en nous invitant à une attitude d'écoute, notre rencontre avec Dieu pour dire la bonne nouvelle du règne de Dieu.

Les différentes branches de la critique comportent nécessairement des concepts et éléments techniques qui demandent une certaine connaissance d'outils spécialisés et des langues bibliques (l'hébreu, l'araméen et/ou le grec), donc une certaine érudition et un vocabulaire adapté. Un effort est cependant fait pour rendre l'apprentissage le moins compliqué possible. Aussi l'ouvrage est-il rédigé dans un style courant, presque oral, quelquefois télégraphique, pour des raisons de clarté et de simplicité; et notre démarche est interactive, avec de nombreuses illustrations pratiques, afin de permettre aux apprenants des saisir par l'exemple les divers éléments qui, autrement, apparaîtraient ésotériques.

L'enjeu d'une telle démarche est de démystifier les concepts et la pratique de l'exégèse et de les rendre accessibles au plus grand nombre, et lorsque c'est possible, même à ceux qui ne connaissent pas ou connaissent peu les langues bibliques. L'exégèse n'est pas une discipline réservée à quelque cercle d'initiés évoluant en société secrète; elle est un instrument au service de tout lecteur, y compris celui qui n'a pas fait des études spécialisées.

En une dizaine de chapitres d'inégale dimension, ce petit manuel abordera quelques éléments généraux en reprécisant les concepts et les enjeux, avec les principales approches de l'exégèse (1). Il consacrera ensuite cinq chapitres (2-6) aux méthodes historico-critiques avec ses branches, entre autres la critique des sources et des formes, la critique textuelle et la critique rédactionnelle, occasion d'aborder globalement l'histoire du texte, en particulier de l'Ancien Testament, avant de présenter les étapes habituelles du cheminement. Le chapitre 7 abordera les questions intertextuelles et le 8 celle des approches synchroniques de façon globale. L'ouvrage s'achèvera sur quelques réflexions sur la pertinence et l'adéquation (ou l'inadéquation) de l'exégèse universitaire des facultés et écoles de théologie avec le contexte et les attentes des communautés croyantes d'Afrique (9) et sur un appendice pratique sur le cheminement qui mène de l'exégèse à la prédication (10).

Toutes les questions utiles pour une exégèse ne seront pas abordées. Mais les pages qui suivent seront sans nul doute un bon début pour les étudiants en phase d'initiation, mais peut-être aussi, nous l'espérons, pour la formation des prédicateurs laïcs.

Chapitre 1.
Généralités sur l'exégèse

I. Concepts

1. Exégèse

Étymologiquement, le mot exégèse vient du grec ancien ἐξήγησις / *exêgêsis* («explication»), de *ek* (ou *ex*) - préformante exprimant l'idée d'origine, de sortie = (hors) de, et d'un dérivé du verbe *agô* qui veut dire «conduire». L'exégèse est donc l'action de conduire hors de. Cette étymologie ne nous aide pas beaucoup, mais permet, en situation d'exégèse, de savoir que le sens est extrait du texte, qu'il dérive du texte. En exégèse, c'est le texte qui livre son sens. Elle fait penser à une activité initiatique, une opération alchimique[1].

Dans le sens usuel, l'exégèse est, en philologie, une étude approfondie et critique d'un texte. On pratique donc l'exégèse comme un travail préalable à l'édition sur les travaux de tous les auteurs, anciens comme contemporains. (*Wikipédia*).

1 Selon la «science de la Balance», à toute genèse correspond une exégèse. Au «Livre du Monde», le *Liber Mundi* qu'est l'univers créé, matériel, élémentaire, répondent des «niveaux de signification». À partir de ceux-ci, de proche en proche, l'exégèse spirituelle (*ta'wil*), en découvrant la relation qui existe entre le manifesté, l'exotérique (*zāhir*) et le caché, l'ésotérique (*bātin*), en «occultant l'apparent et en faisant apparaître l'occulté», en s'élevant des sens au Sens, ouvre enfin le «Livre du Glorieux» (*Kitāb al-Mājid*) et s'éveille à Sa Splendeur. Là, seulement, la transmutation du monde s'achève en transfiguration. (René Alleau, «Alchimie», *Encyclopaedia Universalis* en ligne, https://www.universalis.fr/encyclopedie/alchimie/#i_5786), consulté le 22/10/17).

De façon générale, lorsqu'on est en situation d'expliquer un texte (biblique ou non), on est en situa tion d'exégèse. Ainsi, ce qu'on a appelé «explication de texte» ou «commentaire composé» dans l'enseignement secondaire, et même ce qu'on a appelé «lecture expliquée» à l'école primaire, étaient déjà des formes d'exégèse.

2. Herméneutique

Dans l'usage courant, exégèse et herméneutique tendent à se confondre, et les deux termes sont souvent devenus interchangeables. L'étymologie favorise en partie cette situation. Le terme vient en effet du grec *hermêneutê (technê)*, qui désigne l'art d'expliquer. L'herméneutique est une discipline à la lisière de la théologie et de la philosophie. Dans notre contexte, elle est la science qui consiste à trouver une signification actuelle à partir des textes bibliques qui, initialement, étaient adressés à d'autres personnes que nous. La question théologique est: «en quoi ces textes d'un autre temps sont-ils parole de Dieu pour le lecteur d'aujourd'hui?»

II. Enjeux

Les enjeux de l'exégèse biblique sont fonction du contexte dans lequel celle-ci se fait: contexte ecclésial ou universitaire, contexte confessionnel… ou de l'orientation théologique: libérale, conservatrice (de type évangélique par exemple), etc. Pour être honnête, une exégèse neutre n'existe pas vraiment. Toute exégèse est, consciemment ou non, et en dépit de l'idéal de neutralité scientifique, guidée par des orientations dogmatiques.

Dans tous les cas, l'exégèse biblique (distinguée de l'herméneutique *stricto sensu*) cherche à saisir le sens historique du texte, c'est-à-dire ce que son auteur a voulu dire (encore faut-il y parvenir) ou que ses premiers destinataires ont pu comprendre. Dans la perspective d'une exégèse croyante et ecclésiale (comme c'est le cas pour nous), il est question de se demander comment le texte s'est adressé comme Parole de Dieu aux générations qui l'ont lu et reçu, ou qui l'ont entendu comme parole orale au départ. D'où l'importance de le replacer dans son contexte et de faire appel à tout ce qui dans ce contexte (archéologie, textes de la même époque, contexte sociohistorique, etc.) peut donner un éclairage au texte ou à un détail du texte.

Mais il y a aussi la connaissance de l'histoire du texte lui-même: ses sources, sa composition, sa réception au fil des siècles ou des générations, sa transmission (l'enjeu est ici surtout d'ordre philologique), ou celle des modes de littérarité, les textes étant aussi des œuvres littéraires.

III. Approches

Globalement, on distingue deux types d'approche: les approches synchroniques et les approches diachroniques.

1. Les approches synchroniques

Ici le texte est considéré tel quel, dans la forme sous

laquelle il nous est parvenu. Son histoire importe généralement peu, et tel qu'il se présente, cela suffit - pas besoin d'un soi-disant texte original; chaque tradition textuelle peut être en soi un objet d'étude. L'intérêt principal est porté sur les éléments littéraires, la mise en forme du texte: structures, figures, éléments de persuasion, etc.

Ces approches s'intéressent au genre littéraire, au contexte littéraire, à la structure, à l'analyse narrative pour les récits, mais aussi aux questions liées au contexte canonique et à l'intertextualité.

Voir Matthieu Richelle, *Guide pour l'exégèse de l'Ancien Testament. Méthodes, exemples et instruments de travail*, Vaux-sur-Seine/Charols, Edifac/Excelsis, 2012.

2. Les approches diachroniques

Elles se regroupent dans l'approche historico-critique. Leur objet est de comprendre le texte biblique en le resituant dans le contexte historique dans lequel il a vu le jour, gage de la scientificité de la méthode. Les approches diachroniques comprennent différentes écoles qui s'impliquent souvent côte-à-côte dans l'analyse d'un même texte, mais qui restent plus ou moins autonomes et évoluent comme des disciplines spécialisées:

- La critique formelle ou des formes, en lien avec la critique des traditions;
- La critique des sources;
- La critique rédactionnelle ou de la rédaction;

- La critique de l'histoire des religions;
- La critique des littératures comparées;
- La critique textuelle.

Ce sont les approches diachroniques, en particulier l'exégèse historico-critique, que nous privilégions dans ce cours, sans toutefois négliger les approches synchroniques auxquelles le chapitre 8 sera consacré comme annoncé en introduction.

Chapitre 2.
L'exégèse historico-critique

I. Les présupposés et les instruments

L'exégèse historico-critique présuppose que le texte, avant d'arriver à nous, a dû subir des transformations, aussi bien dans les étapes de sa composition que dans celles de sa transmission. Pour en comprendre le sens originel (ou historique), il faut donc connaître son histoire et le contexte dans lequel il a été composé, reçu et transmis, et s'assurer d'avoir le texte d'origine.

Les instruments pour y parvenir sont les suivants:

- La Bible elle-même, dans les langues originales (hébreu et araméen pour l'Ancien Testament et grec pour le Nouveau Testament). Les éditions scientifiques pour l'Ancien Testament sont celles du texte massorétique (*Biblia Hebraica de Kittel* - BHK, *Biblia Hebraica Stuttgartensia* - BHS, et en cours *Biblia Hebraica Quinta* - BHQ, *Hebrew University Bible* - HUB, *The Hebrew Bible: A Critical Edition* - HBCE, anciennement appelée *The Oxford Hebrew Bible* - OHB). Pour le Pentateuque il y a aussi le Pentateuque samaritain dont une édition moderne a été réalisée en 1918 en allemand par August Freiherrn von Gall sous le titre *Der hebraïsche Pentateuch der Samaritaner*, sur la base du manuscrit BCU L 2057. Pour le Nouveau Testament le *Novum Testamentum graece* d'Eberhard Nestlé et Kurt Aland.

À côté des bibles hébraïques, les anciennes versions sont importantes pour l'Ancien Testament, notamment la Septante (LXX) dont les éditions complètes couramment utilisées sont celles de Rahlfs (*editio minor*) et de Brooke-McLeen (*editio maior*). L'édition la plus fouillée, celle de Göttingen, est en cours de réalisation. Mais il y a aussi les versions syriaques (la Peshitta, édition de Leiden pour l'Ancien Testament), et latines (Vieille latine et Vulgate) et les targums araméens, entre autres.

Il en est de même pour le Nouveau Testament: versions latines (la Vulgate dont l'édition scientifique la plus courante est celle réalisée sous la direction de Robertus Weber: la *Biblia sacra iuxta Vulgatam versionem* ou simplement *Biblia sacra Vulgata*, contient l'Ancien et le Nouveau Testament), syriaques (la Peshitta), les versions coptes, arméniennes, georgiennes, etc. si on connaît ces langues.

- Les dictionnaires et encyclopédies, les atlas bibliques, les index et concordances bibliques, les ouvrages d'introduction générale à la Bible (généraux, AT, NT, introductions des livres individuels).

- Les ouvrages historiques: histoire ancienne du Proche-Orient, d'Israël-Palestine, ouvrages et données archéologiques, tableaux chronologiques, etc.

- Les grammaires, lexiques/dictionnaires des langues anciennes, dictionnaires analytiques, ouvrages portant sur le texte, etc.

II. Histoire du texte: de la composition à la transmission

1. Au commencement était la Parole (Jn 1, 1)

Aux sources de l'Écriture se trouve la parole orale. Israël a d'abord raconté ses histoires au sein de la famille, du clan et de la tribu… par la tradition orale, le bouche-à-oreille. En racontant, il a fait recours à des mythes et légendes tirés de son Moyen-Orient culturel.

Israël a aussi chanté, pour des fêtes familiales ou tribales, mais aussi pour des cérémonies cultuelles et il a exprimé des réflexions sur les réalités et les expériences de la vie courante.

Tout est donc oral, au commencement, comme chez tous les peuples sans écriture, comme dans la plupart des cultures des peuples d'Afrique sub-saharienne. Israël n'a pas toujours été un peuple d'écriture.

Mais cette parole, c'est aussi la parole reçue, l'expérience de Dieu: elle a appelé Abraham, a parlé à Jacob, puis à Moïse avant d'être écrite sur des tablettes… d'après le témoignage biblique; plus tard, elle a aussi parlé aux prophètes, puis par le Christ, et à nous finalement !

2. La Parole est devenue Écriture

Au Moyen-Orient, l'écriture est née environ 3000 ans avant notre ère (en Égypte et en Mésopotamie). C'est des pictogrammes (hiéroglyphes d'Égypte) ou des idéogrammes (écritures cunéiformes mésopotamiennes), avec un système très complexe de signes. Vers le 13e siècle avant notre ère, apparaît une écriture simplifiée, l'écriture dite alphabétique: les signes sont réduits entre une vingtaine et une trentaine, avec un système économique d'associations. C'est peut-être du côté des voisins araméens que cela est survenu.

Israël adopte rapidement cette écriture, probablement au début de la royauté (vers 11e-10e siècle), mais c'est sous Salomon (10e siècle) qu'on voit clairement des fonctions liées à l'écriture: les *sofrim* (scribes-comptables) et les *mazkirim* (archivistes-hérauts)[2]. À partir de ce moment les histoires racontées commencèrent à être ébauchées à l'écrit, les réflexions de sagesse à être collectionnées, les chants à être recueillis.

Sans s'en rendre compte, Israël venait ainsi de commencer à écrire la Bible! La Bible n'est donc pas tombée du ciel.

3. La Parole a été reçue, complétée, élaborée, actualisée et retransmise

Toute la Bible n'a pas été écrite d'un seul jet. L'élaboration de l'Ancien Testament a duré un millénaire! Il est donc une parole dynamique. Les écrits primitifs proviennent de divers endroits, de divers milieux de pensée (milieux prophétiques, deutéronomistes, sacerdotaux par exemple) et de diverses époques. Ils constituent ainsi une parole plurielle. Certains éléments proviennent des archives officielles royales ou du

2 Cette écriture fut, longtemps encore, un privilège réservé à un petit nombre de personnes dans les administrations et les milieux religieux.

temple. Ce temps d'élaboration est plus court pour le Nouveau Testament: environ un demi-siècle (à peu près entre 50 et 100 après J.C.). Mais le processus de composition et de réception n'en est pas forcément moins complexe.

Ces écrits primitifs ont été complétés ou réédités dans des circonstances particulières, pour être adaptés à un lectorat ou à un mode de pensée théologique spécifique (surtout pour l'Ancien Testament). C'est ce que nous avons appelé «rédaction». Ils ont été recopiés, traduits et conservés au cours des siècles pour être transmis à la postérité, pour illustrer qu'ils sont une parole éternelle. C'est le processus de la transmission.

Dans ce processus, il arrive que des textes soient corrompus, à des échelles variées, accidentellement, à cause de l'interprétation ou pendant l'édition ou la transmission. Nous voilà avec une variété de textes. Ces textes se retrouvent dans différents témoins.

III. Les témoins du texte

On appelle témoins les différents supports sur lesquels les textes bibliques (anciens) ont été consignés. Ce sont des manuscrits représentés dans divers types de matériaux: tessons de céramique, feuilles à base de papyrus (les papyri) ou de peaux d'animaux (les parchemins), etc., en rouleaux ou cousus (codex), en talismans, en citations isolées, dans des lectionnaires, etc.

1. Pour l'Ancien Testament, les témoins hébreux

Le principal témoin de la bible hébraïque est le Texte massorétique (TM), représenté aujourd'hui par les codex de Saint-Pétersbourg (anciennement de Leningrad) et d'Alep (actuellement à Jérusalem) pour les plus complets. À côté de ces deux on peut mentionner celui, très abîmé, du Caire qui contient les premiers prophètes, ainsi que d'autres, souvent plus fragmentaires, trouvés dans la genizah (là où on conserve les manuscrits vieillis ou abîmés au lieu de les détruire) du Caire.

Un autre témoin important est le Pentateuque samaritain (SM) qui conserve l'ancien alphabet et ne contient, comme l'indique son nom, que le Pentateuque.

Il y a enfin les manuscrits trouvés près de la Mer Morte (à Qumran et sur d'autres sites du Désert de Judée) à partir de 1947, qui remontent aux 2e et 1er siècles avant J.C., et qui contiennent la totalité ou les fragments plus ou moins importants de livres bibliques à côté d'autres textes. Mais d'autres livres sont peu ou pas représentés.

2. Puis les anciennes versions

- La Septante (LXX): c'est la plus ancienne version de la Bible, réalisée en Égypte, à partir du 3e siècle avant notre ère. Au début de l'ère chrétienne, elle a connu des recensions visant à la conformer au TM devenu normatif pour les juifs (Aquila, Symmaque, Théodotion, le groupe *kaigé* lié à Théodotion, le texte antiochien ou recension de Lucien).

- La Peshitta: c'est l'ancienne version syriaque, réalisée vers le 2e siècle après J.C. Elle contient l'Ancien et le Nouveau Testament.

- La version latine dite de *la Vulgate*, réalisée au 4e siècle après J.C. par Jérôme et adoptée comme la bible officielle de l'Église romaine. Elle est en fait une révision sur l'hébreu de la Vieille latine, version latine de la Septante, réalisée vers le 2e siècle après J.C.

- Les Targums, qui sont des traductions libres de la bible hébraïque en araméen. Ils ont vu le jour probablement vers le 2e ou le 1er siècle avant J.C., dans un contexte où l'hébreu n'était plus couramment parlé et qui nécessitait une traduction pour les utilisateurs non spécialisés. Les targums ont donc sans doute existé et été utilisés simultanément avec la bible hébraïque dans les synagogues. Parfois c'est bien plus que de simples traductions, on assiste à de nouvelles compositions littéraires éloignées du texte hébreu (comme dans Qohélet).

- Les traductions anciennes de la Septante: la Vieille latine ou *Vetus latina* (VL) qui ne subsiste qu'en fragments, les versions coptes, arméniennes, éthiopiennes ou encore syriaques (la syro-hexaplaire par exemple).

- Les versions modernes (les mêmes pour les deux Testaments). De plus en plus de langues locales d'Afrique, d'Asie, d'Amérique ou du Pacifiques et de l'Océan indien ont des traductions complètes ou partielles des textes bibliques, ou sont en train de les réaliser.

Chaque version, y compris les versions modernes, a ensuite sa propre histoire. Elle a elle aussi été reçue, transmise, révisée… et pourrait elle-même faire l'objet de chacune des écoles de la critique (critique textuelle, critique rédactionnelle, etc.). Cela vaut aussi bien pour l'Ancien Testament que pour le Nouveau.

3. Pour le Nouveau Testament

- Les principaux témoins sont en grec. Ce sont, par ordre d'importance pour la critique textuelle:

- Les papyri (notés P suivi d'un chiffre), dont la plupart sont d'Égypte, ne contiennent souvent que des fragments. Le support d'écriture est le papyrus.

- Les onciaux (ou onciales, au féminin), écrits sur du parchemin. Les plus anciens onciaux disponibles datent du 4e ou du 5e siècle. Parmi les plus complets, on peut mentionner:

- Le Codex Sinaïticus (S ou א), du 4e siècle, découvert au monastère Sainte-Catherine du Mont Sinaï au 19e siècle par Tischendorf, et aujourd'hui conservé à la British Library à Londres, renferme, outre le Nouveau Testament, presque tout l'Ancien, l'épître de Barnabé et une bonne partie du *Pasteur d'Hermas.* Le texte a subi des retouches par sept correcteurs successifs.
- Le Codex Alexandrinus (A), du 5e siècle, copié en Égypte et depuis 1098 propriété du patriarche d'Alexandrie. Il est conservé à la British Library depuis le 17e siècle et contient, sur deux colonnes,

l'Ancien et le Nouveau Testament, ainsi que les deux épîtres de Clément de Rome aux Corinthiens.

- Le Codex Vaticanus (B), du 4e siècle, conservé à la bibliothèque vaticane de Rome depuis le 9e siècle, contient, en trois colonnes, l'Ancien et le Nouveau Testament, mutilés au début pour le premier et à la fin pour le second.
- Le Codex Ephraemi rescriptus (C), du 5e siècle et d'origine égyptienne, est un palimpseste (un support sur lequel il y a une première écriture ensuite effacée pour en recevoir une nouvelle) contenant à l'origine toute la Bible, mais recouvert au 12e siècle par une version grecque de plusieurs traités d'Éphrem de Nisibe. Il est conservé à la bibliothèque nationale de Paris.
- Le Codex de Bèze (D), et sa version latine (d), du 4e ou du 5e siècle, était conservé à Lyon depuis le 9e siècle. Il a été ensuite acquis par Théodore de Bèze (d'où son nom) en 1562 et donné en 1581 à l'université de Cambridge où il est conservé aujourd'hui. Il contient les évangiles et les Actes, ainsi que les épîtres catholiques dont il ne reste plus que 1 Jean.

- Les minuscules: on en compte près de 3000, dont les plus anciens proviennent du 9e siècle, et dont une cinquantaine seulement contiennent tout le Nouveau Testament.

- Les lectionnaires: ils contiennent des morceaux de textes

disposés jour par jour, suivant l'ordre de l'année ecclésiastique.

- Les ostraca et les talismans: la plupart des ostraca du Nouveau Testament renferment de petits morceaux réduits à quelques versets, spécialement des évangiles. Quant aux talismans, ce sont des porte-bonheur faits sur des tablettes de bois ou d'argile, sur des morceaux de papyrus ou de parchemin.

- Les citations des pères de l'Église: elles conservent parfois des fragments de textes disparus et permettent d'avoir une idée de l'état du texte à une époque et dans un milieu.

Chapitre 3.
Critique des sources et critique des formes

Les textes bibliques proviennent de sources diverses: archives, traditions diverses (écrites ou orales), autres textes bibliques, etc. Parfois les textes indiquent leurs sources (par exemple dans les livres des Rois et des Chroniques), souvent pas. Dans le cadre du présent manuel, nous aborderons les sources du Pentateuque pour l'Ancien Testament, et brièvement celles du Nouveau.

I. Les sources du Pentateuque: la théorie documentaire et ses évolutions

Le Pentateuque est un écrit anonyme. Il ne porte ni titre ni colophon indiquant son ou ses auteur(s). Il est une littérature de tradition, transmise oralement. Les scribes qui la mettent par écrit ne sont pas, à proprement parler, des auteurs ; ils ne se réclament pas comme tels. Les grands ensembles littéraires du Moyen-Orient (cf. les mythes accadiens d'Atrahasis, *Enuma Elish*, etc.) sont anonymes. Le Pentateuque emprunte largement aux mythes (Genèse 1-11) et légendes ainsi qu'à d'autres textes (par exemple le *Code d'Hammourabi*) du milieu ambiant.

1. La tradition: Moïse comme auteur du Pentateuque

Mais à l'époque hellénistique, lorsque les écrits d'Homère et d'autres auteurs grecs commencent à faire concurrence aux écrits bibliques, il était devenu nécessaire d'attribuer ceux-ci à des auteurs. Dans ce contexte, la figure de Moïse était toute désignée pour servir d'auteur au Pentateuque, et cette tradition s'est imposée dans le judaïsme, puis dans le christianisme et s'est maintenue jusque vers l'époque de la Renaissance (16e siècle) et plus tard encore. D'autres grands ensembles de la bible hébraïque ont aussi reçu des «auteurs»: David pour les Psaumes, Salomon pour les livres de sagesse. Plus tard, le Nouveau Testament en fera de même pour ses écrits.

Pourquoi Moïse pour le Pentateuque et pas un autre? Parce que Moïse est le personnage central du Pentateuque (même s'il n'apparaît pas dans Genèse). Dt 31, 9 le présente comme prophète et écrivain des paroles divines, et l'Ancien Testament et le judaïsme se réfèrent au Pentateuque comme «Torah de Moïse» (Esd 7, 6).

2. Les post-mosaica?

Mais assez tôt, des doutes sur la paternité mosaïque de tout le Pentateuque se sont exprimés. L'on observe que Moïse ne peut pas être l'auteur de tout le Pentateuque. Plusieurs éléments en effet posent problème. Par exemple:

- Moïse ne pouvait pas décrire sa propre mort (Dt 34);

- De la plume de Moïse, un passage tel que celui de Nb 12, 3 qui affirme que «Moïse était le plus humble des hommes» apparaissait choquant;

- Certaines informations reflètent un point de vue historique ou géographique qui n'était pas celui de Moïse, ce qui provoque quelques incohérences comme dans les passages suivants:

- Gn 12, 6: «Les Cananéens étaient alors dans le pays». À l'époque de Moïse ils y étaient toujours alors que le texte en parle comme du passé ;
- Gn 36, 31: «Voici les rois qui ont régné dans le pays d'Édom, avant qu'un roi régnât sur les enfants d'Israël» présuppose l'époque de la monarchie ;
- Nb 22, 1: «Les enfants d'Israël partirent, et ils campèrent dans les plaines de Moab, au-delà du Jourdain, vis-à-vis de Jéricho» désigne la Tansjordanie comme le pays au-delà du Jourdain.

Pour résoudre ces incohérences, on a émis l'hypothèse des *post-mosaica*, c'est-à-dire des textes ajoutés après Moïse (*Baba Bathra* 14b), dont on a établi une liste (Isaac ben Yehoshua et Ibn Ezra). Pour l'expliquer, une thèse véhiculée par les apocryphes (4 Esd 14, 21-26) et reprise par beaucoup de savants suppose que la Torah originelle rédigée par Moïse aurait péri au cours de l'exil et qu'Esdras l'aurait recomposée ensuite, de mémoire ou sous l'inspiration divine. Dans la discussion sur le statut de la Loi, certains chrétiens de l'Antiquité affirment que tous les commandements ne sont pas de Moïse, et que certains ont été ajoutés par des scribes (cf. *Lettre de Ptolémée à Flora* 4, 11-13, cf. Mc 7, 7-8).

3. Les débuts de la critique du Pentateuque

À l'époque moderne on s'interroge sur le processus historique de la Torah: Moïse s'est-il appuyé sur une tradition orale, ou sur un ou plusieurs écrits?

À partir du 16e siècle, l'idée selon laquelle Moïse n'est pas l'auteur du Pentateuque va être émise périodiquement. Un esprit plus historique et plus critique souligne qu'Esdras, s'il a pris une part active dans l'élaboration du Pentateuque, a pu y glisser son point de vue (cf. Spinoza). On reconnaît que l'attribution du Pentateuque à Moïse ne s'appuie pas sur des éléments solides. D'autres auteurs ont pu y contribuer, en reprenant éventuellement des morceaux authentiquement mosaïques. Jusqu'au 18e siècle cependant, en dépit des doutes émis sur la paternité mosaïque du Pentateuque, cette tradition reste encore dominante.

En 1711, Henning Bernhard Witter, un pasteur de Hildesheim attire l'attention (dans son *Iura Israelitarum*) sur le changement de style entre Gn 1, 1-2, 4 et Gn 2, 5ss, notamment en ce qui concerne l'utilisation du nom divin Élohim dans le premier texte et du tétragramme YHWH dans le second. À partir de ce moment, on peut considérer que la critique moderne du Pentateuque a commencé. Des théories sur les sources et la composition du Pentateuque vont être élaborées, dont trois principales connurent un relatif succès. On parle des vieilles théories documentaires[3].

3 J. Koulagna (2010), *Dire l'histoire dans la bible hébraïque*, p. 56-57.

La théorie documentaire se formalise au début du 20e siècle dans le système élaboré par Graf et son élève Wellhausen[4]. Elle s'appuie sur des arguments solides:

- Les changements des noms divins, par exemple dans les récits de la création en Genèse 1-2 et du déluge en Genèse 6-9;
- Les doublets, par exemple entre Gn 12, 10-20 et Gn 20, 1-18;
- Les changements de style, de vocabulaire, de théologie;
- La continuité (narrative, thématique, théologique) des documents reconstruits: lorsqu'on démembre les morceaux en fonction des noms divins et des autres critères, on reste avec deux textes cohérents (par exemple en Gn 6, 5-9, 17 ci-dessus).

4. Quatre sources pour le Pentateuque

Le système élaboré par Graf et Wellhausen identifie dans le Pentateuque quatre sources considérées comme des documents écrits indépendants.

- Le document yahviste (J – vers le 10e siècle), rédigé par un écrivain jérusalémite favorable à la monarchie en Israël. Les traditions sont rassemblées et ordonnées dans une sorte de récit fondateur;
- Le document élohiste (E – vers le 9e-8e siècle), rédigé par un écrivain du Nord de Samarie moins favorable à la monarchie et plus influencé par le courant prophétique;

4 J. Wellhausen (1883), *Prolegomena to the History of Ancient Israel.*

- J et E seraient combinés en un seul écrit par un rédacteur, peut-être à la suite de la chute de Samarie en 722;

- Le Deutéronome (D – vers le 7e siècle), rédigé par un législateur jérusalémite, en s'inspirant des écrits précédents pour proposer une pratique nouvelle: la centralisation du culte;

- Le document sacerdotal (P – vers le 6e siècle), rédigé par des prêtres jérusalémites exilés à Babylone.

Cette classification s'imposera comme un dogme pendant près d'un siècle, et subsiste encore. Quelques exégètes cependant mettent en doute l'existence de la source E (Paul Volz, Wilhelm Rudolph, *Der Elohist als Erzähler ein Irrweg der Pentateuchkritik? An der Genesis Erläutert,* 1933), mais les voix critiques restent largement marginales pendant longtemps…

Les choses ne sont cependant pas aussi simples. La théorie des quatre documents présente de nombreuses difficultés et soulève des questions.

5. Des difficultés et questions

Dans l'hypothèse documentaire, les traditions contenues dans le Pentateuque remontent à l'époque prémonarchique. Mais il est très difficile de démontrer que les récits reflètent effectivement les conditions de cette période ancienne. Abraham n'est peut-être pas un personnage du second millénaire, mais du premier (affirme Van Seters).

Plus généralement, on estime que les traditions concernant les patriarches, l'Exode, l'occupation du pays ne transmettent pratiquement rien d'historique. Si ces récits ont été «inventés», il est plus facile d'attribuer cette invention à ceux qui ont écrit les textes.

Dans le modèle classique, le Deutéronome était considéré comme étant plus récent que le matériau littéraire du Tétrateuque (excepté P). Que faire alors des expressions à consonance deutéronomique qu'on rencontre dans les livres de Genèse ou d'Exode (ex. Gn 26, 5: עֵקֶב אֲשֶׁר־שָׁמַע אַבְרָהָם בְּקֹלִי וַיִּשְׁמֹר מִשְׁמַרְתִּי מִצְוֹתַי חֻקּוֹתַי וְתוֹרֹתָי – «parce qu'Abraham a écouté ma voix et qu'il a gardé mes observances, mes commandements, mes décrets et mes lois»)? Voir aussi Ex 15, 26; 16, 28 et d'autres expressions: Ex 13, 3; 14,20 ; Ex 19, 5-6 ; Ex 32, 11.

On a trouvé également des idées deutéronomiques dans le Tétrateuque, notamment celle d'une alliance, *b*^{e}*rit* (ברית) entre YHWH et son peuple ou les patriarches: Gn 15; Ex 19, 5; 24, 7-8 (L. Perlitt). La présence de ces expressions et thèmes prouve – selon certains – l'existence de matériaux post-deutéronomiques dans le Tétrateuque. Le Tétrateuque serait d'origine «deutéronomiste» au même titre que les livres de Josué à 2 Rois.

L'identification des différentes sources ainsi que leur datation devient sujet à caution. Plus aucune certitude sur l'identité des documents yahviste et élohiste n'est acquise. Seul le document sacerdotal résiste encore au séisme, mais en sort profondément éprouvé[5]. On s'oriente vers une nouvelle théorie,

5 J. Koulagna (2010), p. 58-69.

reprise remaniée de la théorie des compléments, avec le deutéronomiste et le sacerdotal comme principaux rédacteurs.

6. Les tendances actuelles

S'avance-t-on vers un nouveau consensus? Pas si sûr. Mais deux remarques peuvent être faites:

- Un retour à l'ancienne théorie des compléments (cf. Van Seters, Schmitt), avec l'essentiel attribué à J.

- Une mise en valeur des écoles rédactionnelles fondamentales, P et D (ou Dtr), toutes deux issues de l'exil.

P se caractérise par son intérêt pour le culte et son souci du détail, des précisions et des listes généalogiques. La rédaction sacerdotale est, comme l'indique son nom, le produit des membres du clergé jérusalémite en exil.

De son côté, D est le produit de théologiens, scribes exilés, dont certains étaient probablement proches des milieux prophétiques, peut-être des disciples de Jérémie, qui ont écrit les livres de Josué à 2 Rois.

II. Herman Gunkel et la critique des formes

Hermann Gunkel va proposer non pas un nouveau modèle, mais une autre approche qui attire l'attention sur les origines orales des traditions du Pentateuque, en particulier de Genèse[6].

6 H. Gunkel (1901), *Genesis*, translated by M.E. Biddle, (MLBC), Macon, Mercer University Press, 1997 (1st edition 1901); Id. (1907), *The Legends of Genesis*, Chicago/London, The Open Court (= traduction de l'"Introduction" à *Genesis* ci-dessus, p. 123-124).

Gunkel (1862-1932) attire l'attention sur le fait que les «sources» identifiées par les savants sont toutes anonymes. On trouve le même phénomène dans les littératures d'autres peuples du Proche Orient Ancien. Ce qui importe n'est pas l'auteur qui crée une œuvre littéraire, mais la tradition qui en fournit le contenu. Ceux qui ont composé l'œuvre yahviste ou élohiste voyaient comme leur tâche de transmettre une forme autorisée de ce que tout le monde savait.

Dès lors, la question se pose de savoir si l'on peut connaître quelque chose au sujet de cette tradition. Gunkel émet l'hypothèse selon laquelle la forme littéraire des récits contenus dans le Pentateuque (leur *Gattung*, ou genre littéraire) trahit quelque chose de leur *Sitz im Leben*, c'est à dire de leur fonction dans la vie du peuple à l'époque pré-monarchique – avant leur mise par écrit.

Dans son commentaire sur la Genèse (1902), il analyse les récits selon cette méthode. Il montre que beaucoup de récits ont une origine orale et populaire. Il s'agit de sagas, racontés autour du feu de camp pour éduquer le clan à la vie et lui imposer l'ethos du groupe. Gunkel souligne l'importance des éléments étiologiques: tel récit vient éclairer le lien de parenté entre Israël et le peuple d'Édom, par exemple, tel autre récit explique pourquoi on ne mange pas le tendon qui est sur la hanche.

Pour lui donc, il faut aller au-delà des couches littéraires pour rechercher des textes dans leur portée historique, c'est-à-dire les traditions et leurs enracinements sociologiques, religieux et culturels – la Genèse serait donc une collection de légendes. Les auteurs des sources Pentateuque, en particulier J et E, sont des collectionneurs (*Sammler*) plutôt que des écrivains (*Schriftsteller*). Il est par conséquent important de chercher une sphère prélittéraire des sources du Pentateuque, en particulier de J et E.

Dans la suite, Gunkel a appliqué cette même méthode aux Psaumes. Les Psaumes ne sont pas des poèmes créés librement par des auteurs, mais ils reflètent des situations concrètes dans la vie des Israélites anciens, et notamment dans la vie cultuelle.

III. Pour le Nouveau Testament

1. Pourquoi un «Nouveau» Testament?

Les écrits du Nouveau Testament n'ont pas été produits au départ pour constituer un «livre» chrétien, encore moins «pour être canoniques». Les plus nombreux, les lettres, furent des écrits de circonstance destinés à répondre à des questions et à des préoccupations précises et ponctuelles des communautés ou des individus auxquels ils ont été adressés. Ces lettres avaient certes une valeur normative pour les communautés, mais n'avaient pas l'ambition de devenir un jour une nouvelle Écriture sainte pour l'Église. L'Apocalypse est à mettre également dans le même ordre.

Pour les évangiles, dont le processus de production est un peu plus complexe, les premiers matériaux écrits l'ont été pour répondre au besoin de mémoire dont l'évidence commençait à se faire voir à mesure que la parousie tardait à arriver et que les premiers témoins commençaient à disparaître les uns après les autres.

Les paroles du Seigneur conservées jusque-là par la tradition orale commencèrent à être rassemblées en recueils qui devaient certainement circuler dans les communautés. Ces recueils étaient destinés à garder le souvenir des actes et des paroles du Christ, mais aussi à préserver la figure des apôtres que la tradition populaire commençait à rendre légendaire, ce qui risquait de se retourner contre eux à la longue. Ils ont fini par constituer quatre récits ordonnés qui ont dû servir de support à la prédication, à la catéchèse, au culte et à la parénèse des églises locales dans lesquelles ils ont vu le jour.

Le besoin d'un Nouveau Testament en tant que canon ou corpus à côté de l'Ancien, lui, est à chercher dans l'histoire de l'Église à partir du 2e siècle. Confrontée à des positions divergentes, voire antagonistes et hétérodoxes (les hérésies) et à une multitude d'ouvrages dont l'origine devenait douteuse, l'Église dut progressivement arrêter une liste de livres pouvant être considérés comme normatifs et comme Parole inspirée de Dieu. C'est donc avec le canon que les écrits de l'Église constitueront un nouveau testament rendu nécessaire par la lutte contre les doctrines hétérodoxes.

2. Étapes de la gestation du Nouveau Testament

Tout commence donc par les paroles du Seigneur: à la base de toute la littérature néotestamentaire se trouvent les enseignements et autres paroles de Jésus. Jésus n'a certes pas laissé d'écrit, pas plus d'ailleurs qu'il n'a laissé de système de pensée religieuse ou philosophique en-dehors du cadre religieux juif. Mais nous avons déjà relevé l'autorité qui recouvre ses paroles pour les apôtres et pour les chrétiens. Au lendemain de Pâques, Jésus est reconnu et proclamé comme Seigneur par les siens, et ses paroles acquièrent une valeur nouvelle. Elles sont «la parole de Dieu», avec son caractère normatif pour la vie des communautés et des hommes et femmes qui se réclament de lui.

Vient ensuite la tradition orale: elle constitue la première conservation de la mémoire de Jésus. Comme toutes les traditions chrétiennes qui la suivront, elle est affectée d'un style et d'un contenu kérygmatiques[7]. Mais cette tradition, d'une extrême variété, n'avait pas de thèmes doctrinaux à transmettre mécaniquement, sous la surveillance de quelque «inspecteur» contrôlant son orthodoxie. Au contraire, elle a fait preuve d'une étonnante liberté: les prédicateurs n'étaient pas seulement chargés de «transmettre» un enseignement de foi, mais surtout d'expliquer, de «faire comprendre» ce qui

7 On peut lire à propos des traditions néotestamentaires et avec profit l'article de Pierre Bonnard (1960) «La tradition dans le Nouveau testament», in *Revue d'histoire et de philosophie religieuse*, t. 40, publiée par la Faculté de théologie protestante de Strasbourg et par le Centre National de la Recherche Scientifique (CNRS), P.U.F., Paris, p. 21ss.

s'était passé, et cela nécessitait un esprit créatif capable de convaincre. De cette tradition orale s'inspirèrent les traditions écrites aussi bien des épîtres que des évangiles et autres écrits du Nouveau Testament.

Il y a ensuite les lettres: ce sont des écrits circonstanciels destinés à répondre à des préoccupations immédiates. Leur composition ne pose pas en général de problèmes majeurs. Chacune a dû être écrite d'un jet, sous la plume d'un individu. À la rigueur, celles dont l'authenticité n'est pas certifiée, ont dû s'inspirer de la ligne de pensée et des enseignements de l'apôtre dont elles portent le nom, ou sont simplement rattachées à la tradition de l'apôtre dont elles se réclament.

À côté des lettres, des recueils des *logia* (paroles de Jésus) qui aboutiront aux évangiles: ils ont été les matériaux écrits indispensables pour les synthèses évangéliques dans la seconde moitié du premier siècle. Grâce à la liberté et à la créativité des traditions dont nous avons parlé plus haut, les évangélistes n'ont pas hésité «à infléchir la pointe d'une parabole, à placer une terminologie nouvelle sur les lèvres de Jésus, à lui faire prononcer des instructions morales et ecclésiastiques parfaitement adaptées à l'Église»[8] à laquelle ils adressent leurs écrits. Il en va d'ailleurs de même de toutes les traditions néotestamentaires qui ont repris, pour les adapter, les paroles de ces traditions qui forment l'évangile oral. Nous sommes proches de la thèse romaine «selon laquelle

8 Idem.

l'Évangile fut d'abord confié à l'Église, qui en a la garde, plutôt qu'à des documents écrits et un livre»[9].

Vers la fin du premier et le début du 2e siècle, l'Église s'est dotée d'un corpus littéraire qui puisse garantir son enseignement et dont l'autorité est plus qu'évidente. Progressivement et peut-être inconsciemment, l'autorité du Seigneur et celle des apôtres vont constituer, en se fusionnant, à côté de celle de Moïse, des prophètes et des sages d'Israël, de nouvelles Écritures saintes, le Nouveau Testament. Ce processus sera complété par la mise sur pied, un peu plus tard, du canon.

9 Idem.

Chapitre 4.
La critique textuelle

I. Définition et objet

Le mot «critique» vient du grec *krisis* qui signifie «jugement», «appréciation». La critique est l'examen et l'appréciation de l'authenticité d'une chose, de la valeur d'un texte, l'art d'analyser et de juger une œuvre littéraire ou artistique. Dans les sciences bibliques, on distingue la critique textuelle, la critique des formes (ou formelle), la critique rédactionnelle, la critique de l'histoire des religions, la critique narrative, etc.

La critique textuelle tente d'établir la version originale d'un texte ou, à défaut, de remonter l'histoire du texte jusqu'à son niveau le plus ancien. Elle part du fait qu'au cours de leur transmission (par recopiage manuel), les textes connaissent des altérations (corruptions) diverses, volontaires ou involontaires.

Le mot «texte» ici désigne l'ensemble des graphismes inscrits sur un support, et qui expriment le langage humain en forme de signes. Il s'agit ici du texte biblique dans les langues originelles (hébreu pour l'Ancien Testament) et dans les versions anciennes.

II. Erreurs de copie, variantes intentionnelles, vocalisations différentes

1. Erreurs de copie (les parablepses, litt. le fait pour les yeux de voir de travers)

Ce sont des erreurs dues à une erreur de lecture. Le mot «parablepse» n'est pas usité en français. Nous avons transposé ici l'anglais *parablepsis* lui-même translittéré du grec. Il y en a de plusieurs sortes.

- La dittographie qui consiste à écrire deux fois un mot ou un groupe de mots là où il en fallait une seule. Par exemple, Es 30, 30 dans 1QEs[a] présente deux fois le verbe «faire retentir» contrairement au Texte massorétique.

- L'haplographie qui est le contraire de la dittographie et consiste à écrire une seule fois ce qui aurait dû être répété. Il peut s'agir d'une lettre, d'une syllabe ou d'un mot. C'est le cas que l'on retrouve par exemple dans le Texte massorétique en Jg 20, 13: au lieu de בְּנֵי בִּנְיָמִן (les fils de Benjamin), on a בִּנְיָמִן (Benjamin). Le בְּנֵי a été omis à cause du nom בִּנְיָמִן qui commence aussi par בנ.

- L'homoioteleuton et l'homoiarcton qui consistent à sauter, respectivement, de la fin d'une ligne à une autre, ou du début d'une ligne à une autre, là où deux lignes ont les mêmes finales. On retrouve un tel cas dans 1 S 14, 41, où le Texte massorétique a retenu «... fais connaître la vérité» (הָבָה תָמִים) et saute tout un morceau de texte qui donnait «...si la faute est sur ton peuple, donne *thoummim*». Le mot תָּמִים

(litt. «parfait») traduit par «vérité» ressemble dans sa terminaison à תּוּמִים.

Il y en a d'autres comme les omissions involontaires, comme le cas de 1 S 13, 1 ou le Texte massorétique omet l'âge de Saul au moment ou il devint roi, et que malheureusement la critique textuelle ne peut aider à retrouver, parce que, ne se trouvant dans aucun autre témoin ancien. Il y a enfin des cas d'homophonie où on substitue un homonyme à un autre (Ex לוֹ - à lui et לֹא - ne pas, Es 9, 2); une mauvaise lecture de lettres qui se ressemblent (Ex le ו et le י dans Es 33, 13 du TM ou le ד et le ר dans Gn 10, 4 et 1 Ch 1, 7); la scission qui scinde un mot en deux (Ex. dans Es 2, 20, les mots לַחְפֹּר פֵּרוֹת (à un trou de rats) devraient être corrigés en להפר ופרים (aux rats et aux taupes), comme dans la Septante (τοῖς ματαίοις καὶ ταῖς νυκτερίσιν). La liste n'est pas exhaustive.

2. Influence de passages parallèles

Il arrive parfois qu'un copiste, qui connaît bien son texte par cœur ou presque, soit influencé, consciemment ou inconsciemment, par un ou des textes parallèles à celui qu'il est en train de copier. Le passage parallèle en question peut se trouver dans la même péricope, dans une péricope proche ou même dans une péricope éloignée. Dans certains cas, le copiste a pu vouloir aligner le texte sur celui d'un passage parallèle afin d'harmoniser l'écriture. C'est le cas par exemple en 1 R 17, 1 où le Texte massorétique ajoute le mot הַתִּשְׁבִּי (le Tishbite), absent de la Septante, sans doute pour harmoniser avec 21,17 et

28; 2 R 9,36. Dans d'autres cas, le copiste, a pu suivre la formulation parallèle sans se rendre compte qu'il ne reproduisait pas exactement son modèle[10].

3. Variantes intentionnelles

Elles sont en général moins abondantes dans l'Ancien Testament que dans le Nouveau, grâce à une tradition scribale massorétique drastique. Mais elles ne sont pas absentes. Elles vont en général des soucis d'harmonisation à des retouches plus ou moins conséquentes pour des raisons théologiques.

Il peut s'agir d'altérations linguistiques motivées par le souci de moderniser une forme archaïque (ex.: en 1 R 1, 51, certains manuscrits du Texte massorétique ont changé כַּיּוֹם [comme en ce jour] par une tournure plus moderne היום [aujourd'hui], suivi en cela par les principales versions anciennes et le Targum), de remplacer un mot rare par un autre bien connu, ou de modifier légèrement la syntaxe du modèle à copier ou à traduire. Il peut s'agir aussi de changements proprement exégétiques. C'est le cas lorsqu'un mot difficile ou inattendu est expliqué par une glose, ou lorsque le copiste ajoute un élément qui lui semble manquer dans le contexte[11].

Pour des modifications d'ordre théologique, l'exégèse rabbinique a recensé des corrections de scribes, au nombre de 18, dans un recueil souvent cité mais difficile à établir.

10 J. Joosten (2008), «*La critique textue*lle», in M. Bauks et Ch. Nihan (éds), *Manuel d'Exégèse de l'Ancien Testament*, Genève, Labor & Fides, p. 14-45. Le texte est cependant cité dans l'article publié sur la page Academia de l'auteur, p. 27.

11 Ibid., p. 28.

On les appelle des *tiqquné soferim*. Ces corrections datent en général du Moyen-âge. Il y en a sans doute bien plus, et tous les autres cas non recensés dans cette liste «canonique» sont appelés des *tiqquné soferim* clandestins. Dans la littérature rabbinique et les sources massorétiques, le terme n'est utilisé nulle part en-dehors de la référence à cette tradition. Il s'agit en général d'«euphémismes» qui tendent à atténuer ou à corriger un texte qui pourrait devenir théologiquement choquant, le plus souvent quand il s'agit d'affirmations en relation avec Dieu.

Par exemple, en Gn 18, 22 le texte massorétique présente: וַיִּפְנוּ מִשָּׁם הָאֲנָשִׁים וַיֵּלְכוּ סְדֹמָה וְאַבְרָהָם עוֹדֶנּוּ עֹמֵד לִפְנֵי יְהוָה («Les hommes partirent de là et allèrent à Sodome. Abraham se tenait encore devant YHWH»). Dans *Genèse Rabbah*, la deuxième phrase est mentionnée comme un *tiqqun sopher*, en relation avec Gn 18, 22 (*GnR* 49, 7). Le problème posé par ce passage est double. D'abord, tout le passage qui précède (Gn 18, 1-17) parle d'Abraham et «des hommes» (האנשים) qu'il a reçus puis accompagnés et avec lesquels il s'est entretenu du cas de Sodome (sauf au v. 13 et à partir du v. 22). Le passage de ces «hommes» à YHWH (יהוה) est donc problématique. Il semble qu'à cause de cela, un scribe ait été gêné par l'idée que YHWH ait pût se tenir devant Abraham; il aurait donc inversé les rôles, le texte originel ayant pu être, pour cette deuxième phrase: ויהוה עודנו עמד לפני אברהם (YHWH se tenait encore devant Abraham). En modifiant le texte, le scribe l'a rendu conforme au fait que l'expression עמד לפני exprime l'attitude d'un homme devant Dieu (jamais l'inverse) ou d'un serviteur devant son maître (Dt 4, 10; 29, 14; Jr 35, 19; 52, 12; 2 Ch 9, 7).

Hormis ces cas de corrections, il s'agit souvent simplement de lectures divergentes dues à des vocalisations différentes du texte consonantique.

III. Évaluation et choix des variantes: critique externe et critique interne

La distinction des deux types de critique est surtout valable pour le Nouveau Testament.

1. La critique externe

Elle ne s'appuie que sur l'autorité des manuscrits qui contiennent les diverses variantes (leçons) d'un texte, sans tenir compte de la valeur intrinsèque de ces leçons. Pour le Nouveau Testament, les onciaux ont plus d'autorité; leur âge et le matériau utilisé (papyrus ou parchemin) influencent largement cette autorité. L'Ancien Testament lui, ne connaît ni majuscule ni minuscule en ce qui concerne le texte hébraïque, et en particulier le Texte massorétique, qui reste la première autorité. Le Pentateuque samaritain (PS), la Septante et autres versions anciennes telles que les versions syriaques et latines jouissent d'un crédit assez considérable pour la critique de l'Ancien Testament. Depuis les découvertes de la Mer Morte, les manuscrits de Qumran retiennent également l'attention des exégètes.

2. La critique interne

Elle s'efforce de juger de la valeur intrinsèque des variantes, est plus appropriée pour l'Ancien Testament, et suit les mêmes règles que celle du Nouveau Testament. Globalement, les règles sont les suivantes:

- La leçon la plus ancienne doit être préférée.

- La leçon la plus courte doit être préférée. Par exemple, dans 1 R 17, 23, le Texte massorétique affirme qu' «Élie prit l'enfant et le descendit» (וַיִּקַּח אֵלִיָּהוּ אֶת־הַיֶּלֶד וַיֹּרִדֵהוּ). Or, le Vieux grec atteste simplement qu'il le «descendit» (καὶ κατήγαγεν αὐτὸν). Il est assez clair que l'hébreu résulte d'une expansion explicative influencée par le v. 19. Le grec, qui comporte la leçon courte, est donc à préférer ici. Mais attention, un texte peut aussi être raccourci accidentellement, par un phénomène d'*homoioteleuton*, d'*homoiarcton* ou d'*homoiomeson*. Il faut donc manier cette règle avec prudence.

- La leçon la plus difficile doit être préférée. Par exemple, en 1 R 2, 7, le Texte massorétique présente l'expression כֵּן קָרְבוּ אֵלַי (litt. «ainsi ils m'ont rencontré») difficile à comprendre dans le contexte. Le texte antiochien présente un texte plus lisible: οὗτος παρέστη ἐνώπιόν μου (litt. «ainsi il se présenta devant moi»). Le Texte massorétique représente dans ce cas la *lectio difficilior* (la leçon la plus difficile) et est considérée par conséquent comme plus ancienne. Cette règle elle aussi a des limites, les mêmes que pour la précédente: un texte accidentellement raccourci produit une leçon difficile, ce qui ne signifie pas que celle-ci soit l'originale.

- La leçon qui explique le mieux toutes les autres doit être préférée. Habituellement, les leçons secondaires sont plus longues et plus simples que l'originale. Les deux exemples ci-dessus peuvent également servir d'illustration.

- La leçon la plus répandue géographiquement doit être préférée. Pour le Nouveau Testament, le nombre de témoins, y compris des témoins secondaires (versions anciennes), peut être un indicateur de leur répartition géographique.

- La leçon la plus conforme à la pensée et au style de l'auteur doit être préférée.

- La leçon qui ne reflète pas de parti pris doctrinal doit être préférée.

Cet ensemble de règles renferme en réalité les deux types de critique textuelle. Mais il convient de mentionner ce résumé de la méthode:

- Lorsque le Texte massorétique et les autres témoins s'accordent sur une même leçon intelligible et cohérente, il ne sert à rien de recourir à la conjecture.

- Lorsque le Texte massorétique et un autre témoin divergent clairement sur une leçon et présentent des variantes tout aussi cohérentes, il faut préférer celle du Texte massorétique.

- Lorsque le Texte massorétique présente une leçon douteuse ou invraisemblable en vertu de facteurs linguistiques ou contextuels alors que d'autres témoins en présentent une autre plus satisfaisante, il faut considérer favorablement celle du Texte massorétique comme étant possible d'une altération.

- Lorsque ni le Texte massorétique ni un autre témoin ne présentent une leçon possible ou probable, on peut recourir à la conjecture.

- Il faut toujours prendre en considération la psychologie du scribe lui-même.

Mais après avoir fait toute cette analyse et observé toutes ces règles, l'on se retrouve avec des cas sur lesquels il est impossible de se décider. Soit les leçons divergentes sont toutes plausibles, soit aucune ne l'est. Dans ce cas, pour l'Ancien Testament, l'on privilégie le Texte massorétique, parce que celui-ci est connu par une tradition solide et ancienne, et qu'il est le texte hébreu le plus connu et le plus répandu.

Il faut donc rester modeste dans nos conclusions. Il y a longtemps que le rêve du texte original s'est évanoui, aussi bien pour l'Ancien Testament que pour le Nouveau. Le travail de la critique textuelle consiste davantage à essayer de retracer la trajectoire du texte jusqu'au niveau le plus ancien que l'on peut inférer.

IV. La Septante et la critique textuelle du texte massorétique

1. En général

La Septante n'est pas une traduction homogène. Il n'est donc pas possible de parler d'une langue de la Septante. Souvent, il faut l'étudier livre par livre, section par section, à cause de la grande variété des traductions que l'on constate. La plupart des difficultés sont liées à des phénomènes comme:

- Le passage d'une langue à une autre, les difficultés de compréhension ou d'interprétation, les choix difficiles des équivalents... Par exemple, l'expression hébraïque עֲבָדִים בֵּית («maison des esclaves») dans le texte massorétique est rendue en grec par οἴκου δουλείας («maison d'esclavage») dans la Septante. Dans cet exemple, il n'y a pas de mauvaise compréhension, mais la différence vient du génie de chaque langue;

- La notion de traduction libre et de traduction littérale. Les critères de définition de la liberté et de la littéralité de la traduction sont flous et mal définis;

- Des écarts volontaires liés à des raisons théologiques ou à des besoins de clarification (qui peuvent être dus à la traduction ou provenir de sa *Vorlage*[12], c'est-à-dire du modèle hébreu utilisé par le traducteur) ou de correction grammaticale ou orthographiques...

En général, devant les divergences entre le Texte massorétique et la Septante, plusieurs scénarios sont envisageables:

- Soit la *Vorlage* hébraïque utilisée par le traducteur était différente, comme on le voit par exemple dans les livres de Jérémie et de 3 Règnes où la Septante présente de nombreuses additions, des trous ou des textes déplacés;

12 Ce mot allemand désigne le texte-maître ou le modèle à partir duquel le traducteur a travaillé et qui est censé se refléter derrière la traduction elle-même.

- Soit la traduction est sans précédent et on ne peut en tirer aucune conclusion

- Soit il y a un mélange de plusieurs des facteurs ci-dessus, ou des accidents textuels de toutes sortes, par exemple un mélange de traditions concurrentes, comme on peut le voir dans l'histoire du déménagement de la fille de Pharaon[13].

2. Pour la critique textuelle

La Septante est d'une importance capitale pour la critique textuelle de l'Ancien Testament. Rappelons que le texte biblique, comme tous les textes anciens, nous sont parvenus grâce au travail des scribes et copistes qui l'ont recopié à la main au fil des siècles et qui, ce faisant, y ont introduit des variantes, volontaires ou involontaires. Traditionnellement, la critique textuelle s'est donné pour tâche «d'identifier les erreurs et de les corriger», pour retrouver le texte original. C'est encore le travail qu'essaient de faire ceux qui produisent des éditions critiques ou éclectiques comme l'édition du Nouveau Testament grec par Eberhard Nestlé et Kurt Aland (voir VI ci-dessous).

Témoin indirect du texte hébreu, la Septante a cependant l'avantage d'être un des plus anciens témoins, sinon le plus ancien, et donc témoin d'un état ancien du texte hébreu. Longtemps, on a imputé les divergences entre le Texte massorétique et la Septante aux seuls traducteurs, jugés

13 Ibid., p. 113.

responsables des «altérations». Mais au regard des divergences quantitativement importantes comme dans les livres de Jérémie et de 1 Rois, et en considérant le respect avec lequel le texte biblique a été traité, la tendance de plus en plus partagée aujourd'hui est que la Septante reflète une *Vorlage* hébraïque différente du modèle représenté par le texte massorétique. Dans ce sens, un grand nombre de divergences proviennent, non de la traduction, mais d'un texte hébreu différent du Texte massorétique, peut-être même antérieur à celui-ci. C'est en tout cas l'opinion partagée par les chercheurs contemporains comme Adrian Schenker, Julio Trebolle Barrera ou Pierre-Marie Bogaert.

Mais James Barr[14] attire l'attention sur le fait que cette hypothèse peut, si elle est utilisée sans retenue, conduire à des résultats malheureux. Plusieurs éléments doivent être considérés dans l'utilisation de la Septante pour la critique textuelle de la bible hébraïque[15]:

- La Septante n'est pas une traduction savante. Elle n'a donc pas une méthodologie rigoureuse et immuable à partir de laquelle on pourrait juger de la qualité de la traduction d'un livre.

- Si on est tenté de préférer la Septante au Texte massorétique comme témoin plus ancien du texte, il faut aussi considérer le fait que le Texte massorétique est resté à peu près constant depuis le 2e siècle de notre ère alors que les

14 Voir J. Barr (1987), *Comparative Philology of the Text of the Old Testament*, p. 238-272.

15 Voir E. Würthwein (1995), *The Text of the Old Testament*, p. 66s ; J. Barr (1987), *Op.cit.*

manuscrits de la Septante n'ont pas cessé de présenter de grandes divergences entre eux.

- Il faut faire attention de ne pas vouloir atteindre le texte hébreu de base seulement à travers une simple rétroversion du texte grec en hébreu. Car même là où la rétroversion paraît sûre, les variantes retraduites restent des entités abstraites, c.-à-d. que leur existence dans la source hébraïque ne peut être démontrée. Certaines variantes retraduites n'ont probablement jamais existé, ce qui appelle une extrême prudence dans leur interprétation[16].

- Les corruptions peuvent être indépendantes de l'hébreu. Elles peuvent être liées aux techniques de traduction, au problème de langue, etc.[17]

- Il est possible qu'il y ait des interdépendances entre des versions de langues différentes. Par exemple, le Targum peut avoir des influences sur la Septante, la Septante sur la Vulgate, etc.

La découverte des manuscrits de la Mer Morte (et du Désert de Judée en général), qui a mis au jour un type textuel dit proto-massorétique, permet de donner une idée de l'état du texte hébreu avant l'époque préchrétienne. En général, et dépit de la variété de textes que révèlent certains de ces manuscrits, le texte hébreu est demeuré plus ou moins stable, et il faut donc manier la question de la *Vorlage* de la Septante avec prudence.

16 J. Koulagna (2009), *Salomon...*, p. 116.
17 Voir E. Tov (1975), «On "Pseudo-Variants" reflected in the Septuagint», in *JSS* 20, p. 166ss.

V. Le Nouveau Testament: des particularités?

La particularité du Nouveau Testament est que tous les témoins principaux (papyri, onciaux et même minuscules) sont en grec, et que la tradition de transmission est moins rigoureuse que celle de l'Ancien Testament. D'où l'importance de la critique externe. Les versions anciennes (latines, coptes, etc.) jouent un rôle secondaire dans la critique textuelle ici, même si elles constituent à certains égards d'excellents témoins. Hormis cela, la démarche et les règles sont les mêmes que pour l'Ancien Testament.

VI. Critique textuelle et éditions scientifiques de la Bible

Toutes les éditions de la Bible sont, à un degré ou à un autre, le produit d'un travail de critique textuelle. Même les versions modernes sont souvent amenées, face à un texte difficile à traduire ou à comprendre, à consulter des variantes ou des versions anciennes pour tenter de surmonter la difficulté. Il arrive que des traducteurs adoptent des leçons issues des versions, ou procèdent à des compromis. À titre d'illustration, la traduction de 1 R 11, 6 dans Louis Segond, Darby et TOB («Salomon ne suivit pas pleinement le Seigneur»), est un compromis entre le Texte massorétique qui dit que Salomon «n'était pas accompli derrière le Seigneur» (litt.

plein אַחֲרֵי לֹא מִלֵּא , tournure hébraïque intraduisible[18]) et la Septante qui dit plutôt qu'il «ne marchait pas à la suite» (οὐκ ἐπορεύθη ὀπίσω) du Seigneur.

Mais c'est surtout dans les éditions scientifiques, qu'elles soient diplomatiques (BHS) ou critiques (Nestlé-Aland), que le travail de critique textuelle montre son importance.

1. Pour le texte hébreu de l'Ancien Testament

Les éditions scientifiques actuelles sont les suivantes:

- La *Biblia Hebraica Stuttgartensia* (BHS) et ses prédécesseurs (BHK par exemple), qui reproduisent le Codex de Saint-Pétersbourg, anciennement Leningrad.

- En préparation depuis les années cinquante à l'Université Hébraïque de Jérusalem une autre édition diplomatique: la *Hebrew University Bible* (HUB), sous la direction de Michael Segal, qui reproduit le Codex d'Alep (ce qu'il en reste). Elle paraît en volumes séparés en raison de son double apparat critique et d'autres données.

- En révision en Allemagne pour une édition qui reproduit, en plus du texte, la grande massore, la BHS, sous la direction d'Adrian Schenker. Elle s'appelle *Biblia Hebraica Quinta* (BHQ) et paraît elle aussi en volume séparés pour cette raison et à cause de l'augmentation de l'apparat critique.

18 L'expression מלא אחרי se rencontre telle quelle seulement trois fois dans le Texte massorétique: Dt 1, 36 (elle est rendue dans la Septante par προσκεῖσθαι αὐτὸν τὰ πρὸς = se conformer aux choses de), Jos 14, 14 (elle est rendue par ἐπακολουθέω τῷ προστάγματι = suivre les instructions de) et ici en 1 R 11, 6 où sa traduction est influencée par le v. 5 («Salomon marcha derrière les Astarté»).

- En cours d'élaboration, la *Hebrew Bible: a Critical Edition* (HBCE) anciennement the *Oxford Hebrew Bible* (OHB) sous la coordination de son promoteur Ronald Hendel, de l'Université de Californie, Berkeley.

2. Pour la Septante

- La *Septuaginta, editio altera,* d'Alfred Rahlfs, qui est une édition semi-critique et reproduit globalement le Codex Vaticanus (B), avec parfois d'importantes importation du Codex Alexandrinus ou autres. Son titre complet est *Septuaginta, id est Vetus Testamentum Graece iuxta LXX interpretes,* A. Rahlfs, Stuttgart, 1935. C'est l'édition la plus répandue et utilisée pour des besoins d'initiation à la Septante parce qu'elle tient en un seul volume (deux initialement).

- Les éditions dites de Cambridge, respectivement celle de H. B. Swete, *The Old Testament in Greek* (1909-1922), editio minor, et celle de Brooke-McLean-Thackeray, *The Old Testament in Greek according to the Text of the Codex vaticanus,* 1906, plus fouillée et intégrant dans son apparat critique, entre autres, des variantes venant de la Vieille latine. Celle-ci se présente en plusieurs volumes. Toutes sont des éditions diplomatiques: elles reproduisent le Codex Vaticanus.

- En cours d'élaboration, l'édition critique de Göttingen: la *Septuaginta. Vetus Testamentum Graecum Auctoritate Academiae Scientiarum Gottingensis editum,* qui paraît également en 67 volumes. Une vingtaine de volumes sont parues à ce jour.

- Il en existe deux traductions en anglais: celle de Brenton et celle, plus récente, de *The New English Translation of the Septuagint*, une récente aussi en allemand (*Septuaginta Deutch*). Une version scientifique française est en cours d'élaboration à la Sorbonne, Paris.

3. Pour la Peshitta

- Il existe plusieurs versions syriaques de l'Ancien Testament. L'édition principale est celle de Leiden, basée sur le Codex Ambrosianus de Milan, qui est une édition critique en cours d'élaboration et paraît en plusieurs volumes. Son titre est: *The Old Testament in Syriac according to the Peshitta Version, edited on behalf of the International Organization for the Study of the Old Testament.*

- À côté de ce texte principal, on a la Syro-hexaplaire qui est une traduction syriaque de la 5e colonne des hexaples d'Origène. Il en existe une édition critique de A. M. Ceriani sous le titre de *Codex Syro-hexaplaris Ambrosianus, photolithographice editus, curante et adnotante (Monumenta sacra et profana 7)* Milan 1874. Elle est un témoin éloigné de la Septante.

- Pour le Nouveau Testament, on a une édition intitulée *The Aramaic New Testament: Peshitta,* dont le texte est celui publié par The British and Foreign Bible Society en 1905.

Certains de ces textes se trouvent souvent en fac-similé en fichiers pdf en ligne.

4. Le Nouveau Testament grec

La principale édition est le *Novum Testamentum graece* d'Eberhard Nestlé et Kurt Aland (en abrégé NA 28) évoqué ci-dessus, qui est une *editio maior* dont la langue de base est le latin, et qui est actuellement à sa 28e édition. À côté de cette édition, il y a celle de *The Greek New Testament*, produite au Tyndale House à Cambridge par Dirk Jongkind et Peter Williams. Sa langue de base est l'anglais.

5. À quoi sert tout ce travail?

Il est souvent difficile pour le lecteur non averti, et pour le prédicateur même formé à la critique biblique, de percevoir à quoi peut servir la critique textuelle. Cela peut se comprendre. D'abord, nous recevons la Bible en tant que canon et Parole de Dieu, à juste titre. Ensuite, nos bibles en usage dans les paroisses, souvent en traduction, sont présentées comme étant conformes à l'original. Mais ces deux éléments donnent au lecteur ordinaire et croyant et au prédicateur le sentiment d'un texte tombé du ciel ou dicté par Dieu. L'on ne se rend pas compte que cette Parole a dû être reçue d'une génération à l'autre, et que des facteurs humains ou naturels ont pu affecter sa transmission et ce, pas seulement au niveau de la traduction. Ce qui prête le flanc à toutes sortes de fondamentalisme et de conflits d'interprétations basés sur l'ignorance.

En attirant l'attention sur l'histoire des textes bibliques, la critique textuelle (et la critique rédactionnelle), permettent de se rendre compte de l'influence du facteur humain sur la transmission de cette Parole divine, mais aussi de l'engagement et de la consécration des témoins de cette Parole en tant qu'écriture. En même temps qu'elles luttent contre l'extrémisme exégétique et herméneutique et les violences subséquentes, elles nous donnent aussi une idée de l'histoire de l'interprétation et de la compréhension de cette Parole dans des contextes historiques et théologiques divers; cette histoire de l'interprétation peut nous inspirer dans nos propres interprétations et compréhensions.

Exemple pratique de critique textuelle: 1 Rois 3-2 ,1

Au v. 2, le mot לוֹ («à lui») est surmonté d'un [a], qui signale un problème. En se reportant à l'apparat critique, on voit «Cp 1,2 a > G*». Cela signifie qu'au v. 2 du chapitre 1, le mot indiqué manque dans le plus vieux manuscrit de la Septante, version grecque de l'AT. Devant ce cas, il faut se demander: «cette divergence change-t-elle quelque chose dans le sens du texte?» Sinon, on passe. Il ne sert à rien de s'y attarder. Si oui, en quoi le sens change-t-il? Laquelle des leçons en présence semble la plus ancienne ou expliquer l'autre? Pour que cela fasse sens, il vaut mieux traiter cette question lorsqu'on arrivera au commentaire de ce verset. Il suffit, pour l'instant, de le signaler.

Dans le même verset, le mot לַאדֹנִי («à mon seigneur» ou «à monsieur») est surmonté d'un [b]. Dans l'apparat critique, on trouve «b G^{-B} suff 1 pl», ce qui signifie que le mot indiqué, dans les versions grecques excepté le Vaticanus, qui lisent τῷ κυρίῳ ἡμῶν («à notre seigneur») suppose avoir un suffixe 1ère personne pluriel; c.-à-d. לאדנינו. Cette divergence est-elle importante, c.-à-d. change-t-elle quelque chose? Sinon, on passe. Si oui, en quoi ça change? La question d'originalité ou d'ancienneté joue-t-elle un rôle ici? À mon avis, ce problème est lié au précédent et pourra donc être traité en même temps lorsqu'on arrivera à cet endroit.

Toujours dans le même verset, le mot בְחֵיקֶךָ («dans ton sein» est surmonté d'un [c]. Dans l'apparat, on signale que les plus anciens manuscrits de la Septante lisent μετ' αὐτοῦ («avec lui»), suivis en cela par quelques manuscrits de la Vulgate qui lisent *in sinu suo* («dans son sein»). Les questions sont les mêmes que ci-dessus. Là aussi, le problème est lié aux deux précédents. Il sera donc traité en même temps qu'eux.

Les problèmes sont signalés, à l'intérieur de chaque verset, par les lettres de l'alphabet latin, par ordre: a, b, c, etc.

Au v. 3, c'est le mot גְּבוּל («région») qui est surmonté d'un [a]. L'apparat critique indique que ce mot manque dans un manuscrit grec du texte antiochien. «Dans tout Israël» ou «dans tout le territoire d'Israël», c'est une indication géographique qui ne change rien au sens. Donc, c'est un problème sur lequel on peut passer.

Dans le même v. 3, la BHS signale des transcriptions différentes du nom de la jeune femme dans les anciens manuscrits grecs et dans la version syriaque dite de la Peschitta, avec renvoi au texte de Ct 7, 1. Sans importance exégétique.

Chapitre 5.
La critique rédactionnelle

I. Objet et difficultés

La plupart des textes bibliques n'ont pas été rédigés d'un seul jet. Textes communautaires, ils ont souvent été retouchés dans le cadre du processus de réception. Des éléments sont rajoutés ou retranchés[19] et des matériaux complétés ou retravaillés de diverses façons pour être adaptés à des situations nouvelles et réactualisés.

La critique rédactionnelle ou critique de la rédaction (en allemand *Redaktionsgeschichte*) est l'activité qui, dans l'exégèse, consiste à retracer la trajectoire des retouches successives d'un texte. L'auteur (final) du texte est ainsi considéré comme un éditeur. Parfois, la critique rédactionnelle s'imbrique ou se confond avec la critique formelle qui, à partir de l'étude des formes littéraires, retrace finalement plus ou moins la même trajectoire, mais aussi et surtout avec la critique textuelle (par exemple dans les miscellanées et autres textes déplacés dans 1 Rois).

Elle peut être rapprochée de la critique génétique qui étudie le texte «in the making», c'est-à-dire le processus de sa

19 La règle qui veut que pas un seul trait de lettre ne soit ni rajouté ni retranché, dont le principe est très ancien et se retrouve aussi dans la littérature grecque, n'a été radicalisée que plus tard, lorsque le texte massorétique est déjà stabilisé. Mais même là, elle a été appliquée avec une relative flexibilité comme le montre le phénomène des *tiqquné sopherim* évoqué au chapitre 4 ci-dessus.

construction, de sa fabrication, mais ne doit pas être confondue avec elle[20].

Il faut néanmoins reconnaître que la critique rédactionnelle est un exercice quelque peu périlleux. Car bien souvent, l'exégète n'a pas de données absolument sûres. Sur ce plan, on peut dire que la critique textuelle a un peu plus de chance, même si là aussi, il existe pas mal d'incertitudes. Par exemple, dans l'histoire rédactionnelle des livres des Rois, la théorie des couches successives s'est enlisée dans une impasse. On en est arrivé à des thèses à l'allure parfois fantaisiste et souvent contradictoires les unes par rapport aux autres[21].

20 La critique génétique est une branche récente de la critique littéraire principalement travaillée - pour la France - à l'Institut des Textes et Manuscrits modernes (Item, CNRS). À travers l'étude des manuscrits, elle cherche à comprendre le mouvement de l'écriture au cours de la genèse de l'œuvre. Elle tente de reconstituer les processus d'élaboration à travers les phases qui composent le circuit de l'invention (ébauche, plans, brouillons, carnets, croquis, épreuves corrigées...) et, ainsi, à rendre compte de la démarche de l'écrivain dans son laboratoire intime. Enfin, elle développe des méthodes d'interprétation (narratologiques, thématiques, psychanalytiques...) et des technologies permettant de classer et d'analyser des dossiers génétiques, d'étudier leur matérialité, de penser leur transcription et leur édition. La critique génétique a ainsi déplacé la perspective d'étude de l'objet écrit à l'acte d'écriture, du produit fini à sa fabrication.

21 De façon schématique, deux tendances s'affrontent: l'école dite américaine avec Frank Moore Cross, et l'école allemande avec Rudolph Smend – cf. E. Eynikel (1996), *The Reform of King Josiah and the Composition of the Deuteronomistic History*, pp. 12-14. Pour Cross, les livres des Rois ont connu une double rédaction dtr, l'une josianique et l'autre exilique. La première rédaction (Dtr[1]), qui comporte la quasi-totalité de Samuel-Rois, et qui est marquée par les deux grands thèmes du péché de Jéroboam et de la promesse d'une dynastie davidique, converge vers le règne de Josias qui en constitue la finale logique et se conclut en 2 R 23, 25. Le reste (2 R 23, 26-25, 30) provient d'une seconde rédaction (Dtr[2]) mise en œuvre à l'époque exilique. Pour Cross, ce deuxième rédacteur, sous le choc du désastre, a adjoint au texte l'histoire de la catastrophe et transformé ainsi l'écrit de propagande josianique en «un faire-part de deuil». Smend et ses élèves soutiennent également deux rédactions, mais pas l'une à la suite de l'autre. Pour eux, il s'agit de couches successives, c'est-à-dire la seconde reposant sur le tissu de la première. La première couche est celle de l'historien deutéronomiste (DtrH), créateur de l'œuvre à l'époque exilique (vers 560), expliquant au peuple la catastrophe de l'exil (comme l'avait pensé Noth). La seconde rédaction est celle du Nomiste (DtrN) insistant particulièrement sur la Loi. Il aurait réédité DtrH en le corrigeant et en augmentant sa matière. Smend a été suivi dans cette voie par W. Dietrich et T. Veijola, qui ajoutent une autre couche, celle du Deutéronomiste Prophétique (DtrP), ce qui fait de l'école de Smend plutôt une école de la triple rédaction, et même plus.

II. Illustration 1 dans l'Ancien Testament: la fille de Pharaon dans 1 Rois

Exemple de phénomène rédactionnel: l'installation de la fille de Pharaon présente des problèmes qui ne sont pas que textuels, mais qui semblent bien remonter à des activités rédactionnelles en amont. Au moins trois traditions en concurrence:

- La fille de Pharaon est conduite dans la maison construite expressément pour elle (2, 35f = TM 9, 24 // 2 Par 8, 11, avec dans 2 Par (= 2 Ch 8, 11) une explication sans doute insérée plus tard pour dégager l'image de Salomon d'une profanation de la cité de David);

- La fille de Pharaon est conduite dans le palais de Salomon (LXX 9,9a), sans équivalent dans Texte massorétique, mais supposant un texte hébreu contenant אל־ביתו אשר בנה־לו;
- Il y a une maison pour le roi et une pour la fille de Pharaon (LXX 7,45 = TM 7,8), qui pourrait être un décodage de 2, 35f, la construction d'un palais pour le roi étant sous-entendue, voire évidente.

LXX 3 Rg			2 Par 8,11
2,35f = TM 9,24	9,9a	7,45 = TM 7,8	
… οὕτως θυγάτηρ Φαραω ἀνέβαινεν ἐκ τῆς πόλεως Δαυιδ εἰς τὸν οἶκον αὐτῆς ὃν ᾠκοδόμησεν αὐτῇ τότε ᾠκοδόμησεν τὴν ἄκραν	τότε ἀνήγαγεν Σαλωμων τὴν θυγατέρα Φαραω ἐκ πόλεως Δαυιδ εἰς οἶκον αὐτοῦ ὃν ᾠκοδόμησεν ἑαυτῷ ἐν ταῖς ἡμέραις ἐκείναις	καὶ οἶκος αὐτῷ ἐν ᾧ καθήσεται ἐκεῖ αὐλὴ μία ἐξελισσομένη τούτοις κατὰ τὸ ἔργον τοῦτο καὶ οἶκον τῇ θυγατρὶ Φαραω	καὶ τὴν θυγατέρα Φαραω Σαλωμων ἀνήγαγεν ἐκ πόλεως Δαυιδ εἰς τὸν οἶκον ὃν ᾠκοδόμησεν αὐτῇ ὅτι εἶπεν οὐ κατοικήσει ἡ γυνή μου ἐν πόλει Δαυιδ τοῦ βασιλέως Ισραηλ ὅτι ἅγιός ἐστιν οὗ εἰσῆλθεν ἐκεῖ κιβωτὸς κυρίου

Pour le contenu, ces traditions se résument en deux tendances: une qui défend l'existence d'un palais pour la fille de Pharaon et une autre qui la réfute en affirmant qu'elle a été logée dans le palais de Salomon.

Nous ne savons pas si à un stade ancien du texte il y avait un lien entre l'histoire du début du règne de Salomon et celle de la succession ou pas. Il semble en tout cas que ces traditions reflètent un effort de relier les deux entités littéraires, le lien initial, s'il en existait un, ayant disparu. Mais la connexion présentée dans les trois différentes traditions reste tout à fait artificielle; et il est difficile, dans cette situation, de décider laquelle des traditions ou recensions est antérieure aux autres, étant donné qu'il n'y a même pas un lien clair entre elles.

Pour le Nouveau Testament, le phénomène synoptique dans les évangiles peut permettre de comprendre l'évolution rédactionnelle de certains passages. Cela peut aller d'un verset à de larges sections de texte. Prenons deux cas de figure: la confession de Pierre (Mt 16, 16 // Mc 8, 29 // Lc 9, 20), la fin de l'évangile de Marc (Mc 16, 9-20).

III. Illustration 2: la confession de Pierre

Dans Mt 16, 16, Pierre répond à une question que pose Jésus au verset précédent à son sujet: «Qui dites-vous que je suis?» À cette question, Pierre répond: «Tu es le Christ, le fils du Dieu vivant». Dans le passage parallèle de Luc 9, 20, cette réponse est plus courte: «(Tu es) le Christ de Dieu», et plus courte encore en Mc 8, 29: «Tu es le Christ».

C'est un fait acquis pour les spécialistes du Nouveau Testament que l'évangile de Marc est le plus ancien de tous et qu'il a servi comme une des sources pour les autres, y compris le quatrième évangile, à côté de l'hypothétique source Q commune à Matthieu et à Luc. Dans le cas présent, la réponse de Pierre diffère d'un évangile à l'autre, et la thèse de la source Q est peu probable. En revanche, un élément commun est «(tu es) le Christ». L'omission de «tu es» dans Luc relève simplement d'un fait de style et ne semble pas être fondamentalement un problème rédactionnel majeur. L'on peut donc considérer que le texte initial, qui correspondrait à la réponse initiale de Pierre, est celui de Marc: «Tu es le Christ».

Matthieu et Luc ont pu, *a priori*, étendre différemment ce texte de base dans leurs contextes respectifs. L'expression de Luc: «le Christ de Dieu» est unique dans les évangiles et propre au troisième évangile; on la retrouve en Ac 3, 18 sous la forme «son Christ», que l'on retrouvera plus tard, dans l'Apocalypse de Jean (Ap 11, 15 et 12, 10). Il est difficile de dire s'il y a un lien entre le milieu lucanien et le milieu johannique, qui justifierait ce rapprochement[22]. Mais dans un environnement où des christs (ou messies) autoproclamés étaient bien connus et en partie responsables des événements qui ont abouti à la destruction du temple et à l'anéantissement d'Israël, on peut comprendre que Luc et l'auteur de l'Apocalypse aient voulu en distinguer Jésus en rajoutant le complément du nom «de Dieu».

L'extension de Matthieu, en revanche, trouve ses sources à l'intérieur même de l'évangile de Marc. Des passages de Marc, en effet, associent le Christ avec le fils de David (Mc 12, 25) ou le fils de Dieu (Mc 1, 1). Mais il y a surtout

22 On a pu observer à cet effet des correspondances troublantes entre le troisième et le quatrième évangiles. On peut mentionner, entre autres, les récits de la pêche miraculeuse (Lc 5 et Jn 21), les apparitions du ressuscité à Jérusalem et ses environs, alors que chez Matthieu et Marc, ces apparitions ont lieu en Galilée, et le ressuscité qui, seulement en Luc et Jean, rencontre ses disciples dans une chambre ou qui leur sert du poisson.

la question du grand prêtre au moment du procès de Jésus: «Es-tu le Christ, le fils du Dieu béni?» (Mc 14, 61). À un mot près (vivant ≠ béni), ce passage est le même que la réponse de Pierre en Mt 16, 16. Il n'est pas impossible que Matthieu ait eu cette question du grand prêtre en vue et ait voulu y répondre d'emblée par les mots de Pierre, d'autant que cette réponse de Pierre donnera à Jésus l'occasion d'annoncer cet événement majeur: il souffrira beaucoup de la part des anciens, des principaux sacrificateurs et des scribes, sera à mort, et ressuscitera le troisième jour (Mt 16, 21).

Ce cas n'est pas un cas de critique rédactionnelle au sens strict du terme. Il permet néanmoins de comprendre le fonctionnement des phénomènes rédactionnels et comment un ou plusieurs détails peuvent être rajoutés à un passage pour en faire évoluer l'interprétation d'un contexte à un autre.

IV. Illustration 3: la fin de l'évangile de Marc

Sur le plan textuel[23], le texte originel de Marc s'achève en 16, 8. C'est ce que tous les manuscrits ont, et les plus anciens s'arrêtent là (Codex Vaticanus et Sinaiticus). Cette façon de terminer le texte est abrupte et pour le moins étonnante. On a pu émettre l'hypothèse d'après laquelle la fin de l'évangile

23 Il convient d'opérer une distinction entre ce problème textuel à base rédactionnelle et le texte canonique. Cette distinction peut permettre d'éviter une polémique inutile entre une lecture critique et les lectures dites conservatrices.

serait accidentellement perdue, détachée par exemple d'un codex. Rien malheureusement ne permet de le prouver. Toujours est-il que, après le v. 8, de nombreux témoins rajoutent l'une ou l'autre des diverses conclusions, mais que, pour faire simple, on regroupe habituellement en deux: une courte et une longue.

La conclusion courte est ainsi formulée:

> *Mais elles annoncèrent brièvement aux compagnons de Pierre tout ce qu'on leur avait enjoint de dire. Après cela, Jésus lui-même les envoya porter de l'Orient à l'Occident la proclamation sacrée et impérissable du salut éternel. Amen.*

Par leur formulation, leur vocabulaire et leur style, proches de l'apocalyptique chrétienne, ces deux phrases tranchent nettement d'avec le reste de l'évangile. Elles sont à situer dans le courant du 2e siècle, voire plus tard.

La conclusion longue est celle que l'on trouve dans la plupart de nos bibles, et qui va jusqu'au v. 20. Son style est plus proche de celui des écrits du Nouveau Testament, notamment des évangiles. Elle doit donc être plus ancienne que les autres, et dater du 1er siècle[24]. Un manuscrit (le Codex Freer ou *Codex Washingtonianus* W (032), du 5e siècle) intercale à la fin du v. 14 cet autre texte (appelé le *logion de Freer*), de vocabulaire et de style aussi apocalyptiques, donc appartenant probablement au même milieu et à la même époque que la finale

24 Contrairement au principe de critique textuelle d'après lequel la leçon la plus courte doit être préférée parce qu'elle est a priori la plus ancienne.

courte. Une note de la Nouvelle Bible Segond en propose la traduction française comme suit:

> *Ceux-ci répondirent: Ce monde rebelle et sans foi gît au pouvoir de Satan, qui ne permet pas que la vérité et la puissance de Dieu soient reçues par les esprits impurs; révèle donc dès maintenant ta justice. Ils disaient cela au Christ. Le Christ leur répondit: Le terme des années de l'autorité de Satan est arrivé, mais d'autres épreuves approchent. Et moi, j'ai été livré à la mort pour ceux qui ont péché, afin qu'ils se convertissent à la vérité et ne pèchent plus, de sorte qu'ils héritent de la gloire spirituelle et impérissable de la justice, qui est au ciel.*

En-dehors du Codex de Freer, cette finale longue est attestée aussi dans un autre manuscrit du 5e siècle, le Codex de Bèze (D ou 05), et dans les deux manuscrits, elle se retrouve dans les quatre évangiles et pas seulement en Marc. D'après Christian Amphoux[25], l'analyse des v. 9-15 montre une reprise des récits de la résurrection des trois autres évangiles: Luc (principalement), Matthieu (au v. 15) et Jean (fin du v. 14). Il en conclut que la finale longue est une pièce liminaire ajoutée pour servir d'épilogue aux quatre évangiles et non à Marc seul.

25 C. Amphoux (1993), «La finale longue de Marc: un épilogue des quatre évangiles», in C. Focant (éd.), *The Synoptic Gospels. Source Criticism and the New Literary Criticism*, (BETL 110), Leuven, p. 548-555; Id., *Manuel de critique textuelle du Nouveau Testament*, Bruxelles, 2014, p. 275. Les articles *Wikipédia* sur «L'Évangile de Marc» et sur «Marc 16» offrent une assez bonne synthèse sur ce dossier.

Il est clair, en tout cas, que le dernier chapitre de Marc a fait l'objet d'une importante activité rédactionnelle due au fait que l'évangile se termine d'une façon inattendue. La finale longue, débarrassée des additions dont le style fait penser à une époque plus tardive, a donc été retenue à la suite du v. 8 et canonisée.

Chapitre 6.
Schéma habituel d'une exégèse dans la perspective historico-critique

Quelques exemples venant de l'étude de 1 Rois 1, 1-4 serviront d'illustration le cas échéant.

I. Lecture, établissement, traduction du texte

1. La lecture

Idéalement, le texte doit être lu dans la langue d'origine (hébreu ou araméen pour l'Ancien Testament, le grec pour le Nouveau), et éventuellement dans des versions anciennes (Septante, Peshitta, targums, versions latines, etc.). Mais notre connaissance de ces langues est souvent limitée, ce qui limite par conséquent notre accès aux textes d'origine, y compris pour de nombreux spécialistes.

Nous sommes donc en quelque sorte obligés de commencer la lecture par les versions modernes disponibles: les plus littérales (Darby ou Segond 1910 par exemple), les plus théologiques (TOB, NBS, BJ par exemple) pour nous aider à mieux lire dans les langues anciennes. Il faut néanmoins faire l'effort de lire le texte en hébreu, en araméen ou en grec, selon les cas. Sinon, le travail d'établissement ne sera pas possible.

Les mots et expressions-clés doivent faire l'objet d'une étude minutieuse dans les dictionnaires et encyclopédies, pour enrichir votre commentaire exégétique. Cette phase est donc de brouillon, et n'a pas besoin d'être mise comme une partie à part. Ses résultats seront intégrés dans votre commentaire au fur et à mesure que vous évoluez dans la rédaction.

Exemple pratique: quelques éléments de lecture de 1 Rois 1, 1-4:

וְלֹא יִחַם לוֹ («mais il ne fut pas réchauffé») - verbe חמם - se réchauffer, se sentir chaud. Ce mot est au centre des vv 1-4 et comporte un enjeu interprétatif important pour cette section et éventuellement pour la suite du récit de la transition • סֹכֶנֶת («soignante»), de la racine סכן • בְחֵיקֶךָ («dans ton sein»), en lien avec le verbe וְשָׁכְבָה («et elle [se] couchera»), de la racine שכב. Son importance est liée au verbe חמם ci-dessus • נַעֲרָה בְתוּלָה *«une jeune fille vierge»* - voir les deux mots et leur sens particulier, s'il y en a • וַתְּשָׁרְתֵהוּ («et elle le servit»), de la racine שרת - voir le lien éventuel avec la racine סכן • לֹא יְדָעָהּ («il ne la connut pas») - verbe ידע.

2. L'établissement du texte

C'est la critique textuelle (voir le chapitre 4 et son illustration ci-dessus). Cet exercice doit être fait systématiquement au brouillon. Par la suite, vous retiendrez uniquement les problèmes qui ont une certaine pertinence pour la compréhension et l'interprétation de votre texte. Signalez-les en passant, et reprenez chaque cas pertinent dans le commentaire (point V ci-dessous) là où, à votre avis, il peut influencer cette compréhension et cette interprétation.

Il peut arriver qu'aucun des problèmes signalés à l'apparat critique ne soit pertinent dans votre étude. Dans ce cas, dites-le et passez dessus. Ne forcez pas si la critique textuelle n'apporte pas un élément de plus pour l'interprétation de votre texte: pas de critique textuelle pour de la critique textuelle.

3. La traduction

Vous pouvez proposer votre propre traduction du texte (ce qui est préférable dans la mesure du possible) ou adopter une des traductions modernes existantes. Dans ce dernier cas, indiquez quelle version vous avez adoptée et pourquoi vous l'avez choisie.

Les décisions de critique textuelle que vous avez éventuellement prises (le choix d'une lecture ou variante au détriment d'une autre) doivent être prises en compte dans la traduction. Cela signifie que si vous avez choisi une version existante, celle-ci sera «révisée», c'est-à-dire adaptée par vous-même aux endroits où vous avez dû prendre des décisions textuelles si celles-ci sont contraires à la version choisie.

Traduction Darby de 1 Rois 1, 1-4

1 Et le roi David était vieux, avancé en âge. Et on le couvrit de vêtements, mais il ne fut pas réchauffé.

2 Et ses serviteurs lui dirent: Qu'on cherche pour le roi, mon seigneur, une jeune fille vierge, et qu'elle se tienne devant le roi, et qu'elle le soigne, et qu'elle couche dans ton sein, et que
le roi, mon seigneur, se réchauffe. 3 Et on chercha une belle

jeune fille dans tous les confins d'Israël; et on trouva Abishag, la Sunamite, et on l'amena au roi.
4 Et la jeune fille était extrêmement belle; et elle soignait le roi et le servait; mais le roi ne la connut pas.

II. Situer le texte: éléments d'histoire et de géographie

Le texte appartient à une époque et à un cadre géographique dans lesquels il fait sens. Ce cadre historique et géographique peut être explicitement indiqué ou pas. Il peut être narratif ou réel ou les deux, ou encore symbolique (comme dans les récits de Genèse 1-11). L'étude du contexte historique permet de comprendre les pratiques et traditions de l'époque et jette une lumière sur la compréhension du texte; elle permet aussi de connaître (ou d'avoir une idée de) la nature du lectorat visé initialement et la manière dont ce lectorat a pu lire et comprendre le texte.

Pour le texte de 1 R 1,1-4, il faut s'interroger sur la date de composition du récit (récit de transition ou récit de Salomon), en tenant compte de l'évolution du texte dans le temps, notamment le mouvement deutéronomiste avant, pendant et après l'exil, sur les réalités socioreligieuses de ces différentes époques. Cette section a-t-elle quelque chose de spécifique relatif à ces époques? On peut aussi s'interroger sur les pratiques socioculturelles de l'époque, par exemple le lien entre la royauté et la sexualité (pour comprendre l'importance d'une jeune femme auprès d'un vieux roi malade), le concubinage royal, les pratiques médicales (par ex. réchauffer un vieillard par le corps d'une personne jeune...).

III. Situer le texte: ses rapports avec son environnement littéraire

Il s'agit d'indiquer les contextes lointain (ou large), proche, immédiat, littéraire, théologique, etc. du passage étudié. Habituellement, le texte que vous étudiez fait partie d'une unité (ou section) ou d'un ensemble littéraire large, proche ou immédiat. Cet ensemble peut être thématique ou littéraire, et votre texte y tient une place particulière. Le découpage du macro-texte (l'ensemble du livre auquel appartient votre texte) est fonction de votre sensibilité littéraire. Plusieurs éditions modernes proposent des découpages du texte en parties, sous-parties, paragraphes... pour permettre au lecteur de se repérer. Vos contextes lointain et large peuvent s'en inspirer, à condition que vous ayez l'honnêteté de le signaler.

- *Le contexte lointain ou contexte large* situe le lecteur dans le rapport que le texte entretient avec son environnement littéraire ou sémantique à l'intérieur du grand ensemble (livre ou groupe de livres) dans lequel il se trouve. Par exemple, le récit de la chute (Gn 3, 1-6) se situe dans le grand ensemble de l'histoire mythique des origines de l'humanité et de ses rapports avec Dieu (Gn 1, 1-11, 26). Ce grand ensemble peut être considéré comme son contexte large.

- *Le contexte proche*, lui, situe le lecteur dans le rapport du texte avec un sous-ensemble littéraire ou sémantique à l'intérieur du grand ensemble qu'était le contexte large. Ainsi, le contexte proche de Gn 3, 1-6 pourrait être soit tout le chapitre

3 qui porte sur l'origine du mal et les rapports tumultueux de l'homme et de son créateur, soit tout le morceau de Genèse 3-8 qui présente non seulement l'origine, mais aussi les développements et les premières conséquences universelles du péché et du mal.

> Pour 1 Rois 1,1-4, le contexte large (lointain) peut être défini de plusieurs manières. Soit on tient compte des livres de Samuel-Rois comme unité littéraire, et le récit dit de la transition (2 S 9-1 R 2) devient le contexte large; soit 1 Rois est considéré comme autonome, et les onze premiers chapitres, qui traitent de l'histoire de Salomon, sont le contexte large. Dans un cas comme dans l'autre, les chapitres 1-2 sont le contexte proche. Ils traitent en effet, à l'intérieur de la grande histoire de la transition ou de celle de Salomon, de l'accession de celui-ci au trône.

- *Le contexte immédiat* étudie le rapport du texte avec son environnement immédiat, c'est-à-dire avec ce qui précède ou ce qui suit. Il permet de voir ce qui a induit le texte et ce que ce dernier induit à son tour comme conséquence. Mais le contexte immédiat comporte aussi une étude de la dynamique interne de la péricope pour en dégager l'articulation interne et avec son environnement. Aussi s'intéresse-t-il particulièrement à une étude du style.

> Le texte de 1 Rois 1, 1-4, qui fonctionne comme un prologue, n'a pas de lien immédiat apparent avec ce qui précède, même si le ו du début du texte semble établir un lien avec le récit précédent. Mais on voit bien que le lien est artificiel.

Par rapport à la suite, par contre, l'affirmation de la vieillesse et de l'impotence physique de David permet au narrateur d'introduire et d'expliquer le déclenchement de la lutte pour sa succession. De plus, la figure de la Sunammite annonce l'influence des femmes dans la course au pouvoir. Au chapitre 2, elle sera la cause immédiate de l'élimination par Salomon de son concurrent et demi-frère Adoniyah.

- *Le contexte littéraire* est le cadre littéraire ou mouvement de pensée dans lequel s'inscrit un texte et peut être lié au genre littéraire et au contexte théologique, même s'il faut bien se garder de confondre ces éléments: texte symbolique, littérature de sagesse, texte prophétique, histoire deutéronomiste, le Chroniste, littérature apocalyptique... pour l'Ancien Testament; évangile synoptique ou johannique, épîtres, etc. pour le Nouveau Testament.

Ces éléments de l'étude des contextes, en particulier les quatre derniers, appartiennent à proprement parler aux approches synchroniques. Il faut donc, comme on le redira encore dans le chapitre consacré à celles-ci, manipuler les différences entre diachronie et synchronie comme base d'approche de l'exégèse avec retenue.

IV. Éléments de synchronie

Il s'agit d'étudier les éléments tels que la structure, le genre littéraire, le vocabulaire, la poétique, la narrativité, etc.

En d'autres termes, comment le texte dit-il ce qu'il dit? Comment est-il organisé? Cette organisation suit-elle le mouvement de la pensée? Y a-t-il des tournures et figures de style particulières? Des hébraïsmes, des aramaïsmes? Des archaïsmes, des «modernismes»? Des jeux de mots? Des phénomènes d'assonance, d'allitération? Etc.

En introduisant le lecteur dans l'univers propre du texte, l'analyse littéraire lui permet d'apprécier encore plus la distance culturelle dont nous avons parlé au début de cet ouvrage, et lui évite d'imposer aux mots et au texte tout entier un sens et une signification qui lui seraient totalement étrangers.

Voir des exemples en VIII.2 ci-dessous.

V. Commentaire progressif

C'est le corps de l'exégèse, et il occupe entre deux tiers (2/3) et trois quarts (3/4) de l'ensemble du travail. Tous les éléments présentés ci-dessus (critique textuelle, étude des contextes, étude des éléments littéraires et stylistiques…) sont à son service et peuvent prendre place dans l'introduction. Ils seront intégrés en fonction de leur pertinence et/ou de la nécessité dans votre commentaire. Celui-ci suit la structure que vous avez définie, et s'investit à expliquer les mots clés, de préférence dans la langue d'origine si on la connaît, de chaque verset pour en donner la signification théologique et déterminer l'importance dans ce texte.

Des commentaires bibliques généraux ou spécialisés, ainsi que d'autres textes tels que des articles ou études portant sur le texte peuvent être consultées et utilisées pour enrichir votre commentaire. Mais attention de tomber dans le plagiat ou de perdre votre autonomie de pensée en devenant trop dépendant d'un commentaire.

À chaque mouvement, il convient de donner une synthèse ou un résumé théologique qui reprend les idées théologiques essentielles comme une sorte de mise au point.

Illustration avec 1 R 1, 1-4

v. 1. זָקֵן בָּא בַּיָּמִים - âgé, avancé en âge, litt. «allé (ou venu) dans les jours». Cette tournure exprime le très grand âge de David. Ce grand âge pourrait indiquer un degré aussi élevé de sagesse et de discernement, la vieillesse étant souvent associée à la sagesse. Ici, cette évocation permet d'expliquer plutôt qu'il soit très alité, au point d'avoir très froid, et d'expliquer les événements qui suivront: le besoin d'une jeune très femme, et plus tard certains détails de la lutte de succession (agitation, manipulation et coups-bas, assassinat...).

v. 2. Ayant constaté l'état physique du roi, ses serviteurs vont donc prendre des initiatives. Le mot עֲבָדִים (serviteurs) est ici à entendre comme des hauts dignitaires du régime, les ministres par exemple. La version grecque semble suggérer qu'ils n'ont même pas associé le roi à cette initiative; c'est ce qu'indiquent l'absence d'un équivalent de לוֹ (à lui) et le passage du suffixe 1ère et 2e personnes masculin singulier (לַאדֹנִי = à mon seigneur,

בְּחֵיקֶךָ = ton sein) à la 1ère pluriel et 3e masculin singulier (τῷ κυρίῳ ἡμῶν = à notre seigneur, μετ' αὐτοῦ = avec lui).

נַעֲרָה בְתוּלָה - une jeune fille vierge. La réquisition de jeunes filles vierges dans une cour royale est une tradition assez répandue dans l'antiquité, et l'Ancien Testament en garde aussi des trace (dans ce texte et ailleurs: Jg 21, 12 et Est 2, 3), pour des raisons de concubinage ou autres. Dans l'antiquité gréco-romaine, l'équivalent de נַעֲרָה (νεᾶνις ou νεῆνις en ionique) est même régulièrement associé à l'esclavage sexuel, qu'il s'agisse d'ailleurs de jeunes filles ou de jeunes garçons.

Le rôle assigné à la jeune fille n'est pas très clair. Il peut faire penser aussi bien au concubinage qu'à l'esclavage sexuel. Ce qui explique d'ailleurs un certain malaise dans les versions anciennes. Le texte hébreu dit qu'elle doit se tenir devant le roi (עמדה לפני המלך), expression parfois employée pour les proches collaborateurs et hauts dignitaires, coucher dans le sein du roi (שכב בחיק), et lui servir de soignante (היה לו סכנת). Si la première et la dernière fonctions font penser à une position de service et de dignité, la deuxième est plus ambiguë. Les versions grecques penchent vers un contact physique: le codex Vaticanus le traduit par «coucher avec lui» (κοιμηθησεται μετ' αὐτου) tandis que le texte antiochien (ou lucianique) emploie même un terme plus explicitement sexuel: συγκοιτος.

Telle ne semble pas être la perspective du Texte massorétique, même si elle n'en est pas vraiment loin. À l'immédiat, l'on a plutôt affaire *à* un procédé médical qui pourrait même être considéré comme palliatif. Pour réchauffer le roi, la jeune femme,

Abishag, doit partager sa couche. Ce détail peut être mis en relation avec une croyance primitive, connue par ailleurs dans la médecine hellénistique antique, selon laquelle la vigueur et la force d'une jeune personne pourrait être communiquée à une vieille personne par le contact physique. C'est ce qu'indique Flavius Josèphe lorsqu'il substitue à la recommandation des serviteurs du roi une prescription médicale (*Ant.* 7, 343).

v. 4. La beauté de la jeune fille est soulignée: elle était extrêmement belle (יָפָה עַד־מְאֹד - litt. «belle jusqu'à très»). L'on ne voit pas, à l'immédiat, l'importance de cette précision, d'autant moins que le narrateur s'empresse d'ajouter que le roi ne la connut pas. De ce point de vue, elle s'est contentée de jouer son rôle: soigner et servir le roi.

Les choses semblent pourtant bien plus complexes que cela. En indiquant que «le roi ne la connut pas» (וְהַמֶּלֶךְ לֹא יְדָעָהּ), le narrateur peut vouloir écarter l'idée d'un rôle sexuel de la jeune fille, et souligner en même temps l'intégrité morale de David. Seulement, cette image d'un roi moralement intègre sur le plan sexuel achoppe sur son histoire avec Bathshéba dans 2 Samuel. À moins qu'il ne s'agisse de récupérer cette image au temps de la vieillesse. Si telle est l'intention, on peut dire que c'est raté, puisque Bathshéba reviendra en force dans la suite de ce récit.

Une autre lecture est donc possible. L'information sur l'extrême beauté de la jeune femme et celle d'après laquelle David ne la connut pas sont présentées comme antagonistes. Le ו de וְהַמֶּלֶךְ devrait être rendu par «et pourtant» ou «et cependant». En d'autres termes, vu l'extrême beauté de la jeune femme, le roi était censé la connaître. Pourtant, il ne l'a pas fait, et pour cause: son extrême vieillesse. Extrême jeunesse et extrême beauté d'Abishag contre l'extrême vieillesse de David indiquée au v. 1, le contraste est saisissant. Le roi n'a pas connu la jeune fille parce qu'il n'en était plus physiquement en mesure. Flavius Josèphe, en *Ant.* 7, 344, parle de la virginité d'Abishag qu'il justifie par une impuissance sexuelle de David due à sa vieillesse, expliquant aussi du même coup son impossibilité légale à gouverner, s'écartant ainsi du Texte massorétique et de la Septante qui se contentent de dire qu'Abishag soignait ou réchauffait le roi et couchait dans son sein. La lecture de Josèphe apparaît ainsi plus que comme un compromis entre le texte antiochien d'une part, et le Texte massorétique et la Septante d'autre part.

C'est cette indication qui va constituer le déclencheur des événements qui vont suivre. Disqualifié du règne à cause de son incapacité sexuelle, le vieux roi David devrait donc céder la place, et c'est ce qu'Adoniyah essaiera de faire comprendre en saisissant l'occasion pour se faire introniser.

Ici s'arrête en principe le travail de l'exégèse. Mais on a souvent pris l'habitude, en contexte ecclésial, d'y ajouter des éléments d'actualisation, c'est-à-dire l'herméneutique. Et ceci trouve sa justification dans le fait que la théologie ecclésiale en général, et l'exégèse en particulier, doivent permettre une insertion active et participative de l'Église et des chrétiens dans un univers qui, consciemment ou inconsciemment, soupire après une parole de salut et de libération en face des situations multiples auxquelles il fait face.

VI. Une synthèse conclusive.

C'est la conclusion générale de votre étude. Elle en reprend en grandes lignes les principales conclusions. Il n'est pas souhaitable d'y ajouter des éléments nouveaux. À la rigueur, dans le contexte d'une exégèse ecclésiale (comme c'est le cas souvent pour nous), une ouverture herméneutique et homilétique peut être la bienvenue, puisque notre exégèse est alors appelée à déboucher sur la prédication, et donc pouvoir édifier la foi du lecteur croyant.

La section de 1 Rois 1, 1-4 constitue, plus qu'un ensemble d'informations banales ou de faits divers, un programme narratif d'envergure. David, trop vieux et alité pour s'occuper d'une jeune femme extrêmement jeune et belle, ne peut plus légitimement continuer à exercer un pouvoir qui lui échappe désormais. Déjà on décide à sa place de ce qu'il y a lieu de faire pour le roi. Sa volonté a cédé la place à la décision des serviteurs. Les rôles sont inversés. L'entrée en scène (encore passive à ce stade) d'Abishag, quel que soit le rôle que le narrateur entend lui faire jouer à l'immédiat, plante le décor d'un drame qui commencera à se jouer dès lors que le constat est fait que le roi ne l'a pas connue.

Chapitre 7.
Questions d'intertextualité

I. Le concept

Étymologiquement, le mot vient du préfixe latin *inter* qui signifie «entre» et de *textus*, «texte» = tissu; l'intertextualité est ainsi, en quelque sorte, ce qui se passe entre deux ou plusieurs textes. Tout texte existe par la relation qu'il entretient avec d'autres qui le précèdent; cette relation peut aller de l'inspiration jusqu'à une reprise plus ou moins importante de textes antérieurs, y compris dans la littérature orale. L'intertextualité précède son concept qui, lui, est relativement récent (apparu seulement en 1967 avec le groupe *Tel Quel*. Deux définitions d'experts peuvent nous permettre de commencer:

- Philippe Sollers: «Tout texte se situe à la jonction de plusieurs textes dont il est à la fois la relecture, l'accentuation, la condensation, le déplacement et la profondeur» («Niveaux sémantiques d'un texte moderne», in *Théorie d'ensemble*).

- Julia Kristeva: L'intertextualité est une «interaction textuelle qui se produit à l'intérieur d'un seul texte» et qui permet de saisir «les différentes séquences (ou codes) d'une structure textuelle précise comme autant de *transforms* de séquences (ou codes) prises à d'autres textes» («Problème de la structuration du texte», in *Théorie d'ensemble*).

En fait, la notion a connu une certaine évolution depuis son apparition. De la perspective transformationnelle (Kristeva), on est passé dans les années 1970 à une perspective relationnelle (intertextualité = ensemble de relations qu'un texte entretient avec d'autres, dans un rapport d'échanges), puis à une conception plus extensive (Michaël Riffaterre: intertextualité = mécanisme propre à la lecture littéraire, qui seule produit la signifiance).

Pour faire simple, on entend par intertextualité les divers procédés par lesquels un texte fait référence à une autre.

II. S'intéresser à l'intertextualité

Pourquoi devrions-nous nous intéresser aux questions d'intertextualité? Nous devrions le faire pour au moins trois raisons:

- Parce que c'est elle qui fait exister la Bible en tant que texte, c'est-à-dire en tant qu'Écriture. Comme on l'a dit dès le début du présent ouvrage, la Bible «n'est pas tombée du ciel», et la révélation de Dieu passe par des canaux humains qui, pour écouter Dieu, s'écoutent, se reprennent, se complètent, s'actualisent, se contextualisent, se corrigent même, dans une chaîne ininterrompue, de génération en génération.

- Parce que la Bible elle-même nous y pousse: il est par exemple quasi-impossible de comprendre le Nouveau Testament sans les présupposés, les renvois, les clins d'œil à l'Ancien, de même que certains textes de ce dernier ne se comprennent que dans leur relation avec d'autres du même corpus, voire en-dehors de ce corpus.

- Comprendre le fonctionnement intertextuel de la Bible n'est pas seulement une curiosité intellectuelle, c'est un impératif exégétique et herméneutique.

III. Entre écriture (ou création) littéraire et réécriture

L'auteur de Qohélet affirmait qu'il n'y a rien de nouveau sous le soleil (Qo 1, 9). En matière d'écriture aussi, y compris d'écriture dite d'invention, que celle-ci soit littéraire ou argumentative, nous n'inventons jamais, de façon absolue, ce que nous écrivons. Pour le dire sèchement, toute écriture est toujours réécriture.

Nous parlons et écrivons avec les mots des autres, par le moyen de l'appropriation, voire du détournement, d'autres textes. C'est cela qui permet paradoxalement, d'après Houdart-Merot, notre expression de soi, d'échapper aux stéréotypes et de parler de soi d'une manière plus libre[26]. L'intertextualité se trouve donc au cœur de la production littéraire. Et cela se vérifie aussi (peut-être davantage) avec les textes bibliques, aussi bien de l'Ancien Testament que du Nouveau.

26 V. Houdart-Merot (2006), «L'intertextualité comme clé d'écriture littéraire», Op. cit.

IV. Une typologie de l'intertextualité dans la Bible (Moyise)

Selon Steve Moyise[27], il y a cinq types d'intertextualité dans la Bible:

- Des échos intertextuels, plus ou moins visibles. Ceux-ci peuvent s'exprimer en termes de citations, mais pas toujours. Ils renvoient le lecteur dans le monde symbolique d'un texte antérieur. Ex.: Job en Ph 1, 19.

- Une intertextualité narrative. C'est lorsqu'une tradition narrative influence un autre texte. C'est notamment le cas de l'influence de la tradition de l'Exode dans l'exégèse de Paul dans l'épître aux Galates et en Romains 8. L'intertextualité narrative ne s'inscrit pas que dans la continuité; elle peut aussi implique des ruptures et une sorte de régénération et de recréation.

- Une intertextualité exégétique. C'est le cas lorsqu'un texte en interprète ou réinterprète un autre, comme on peut le voir dans les liens entre Rm 2, 17-29 sur le sens de la circoncision comme marque identitaire et d'appartenance et Genèse 17, Deutéronome 28-30, Jérémie 7 et 9, Ézéchiel 36.

- Une intertextualité dialogique, lorsque le texte source n'est pas facilement malléable dans les catégories d'allégorie, de typologie ou de midrash, que l'auteur ne le maîtrise pas et n'en contrôle pas le sens. La transformation du «lion de Juda»

27 S. Moyise (2002), «Intertextuality and Biblical Studies: A Review», in *Verbum et Ecclesia JRG* 23(2), p. 419-428.

de l'Ancien Testament en (ou sa juxtaposition sur l') «agneau immolé» en Ap 5, 4-5 illustre ce type d'intertextualité.

- Une intertextualité postmoderne, qui attire l'attention sur le fait qu'il y a toujours plus d'une voie pour interpréter qui appartient inévitablement à un réseau d'autres textes. On peut le voir dans l'entretien que Jésus a eu au puits avec une femme samaritaine au sujet de l'eau en Jean 4: alors que la femme parle de l'eau naturelle, Jésus parle de l'eau de vie. Il en est de même du temple lorsque Jésus, en parlant du temple allégorique de son corps, dit: «détruisez ce temple (physique), et je le reconstruis en trois».

V. L'Ancien Testament et ses précurseurs

Considérons deux illustrations d'emprunts intertextuels dans la bible hébraïque: les récits du déluge et les textes narratifs.

1. Les récits du déluge

Les récits de Genèse présentent des similitudes avec le mythe d'Atrahasis conservé dans *L'épopée de Gilgamesh* et la tablette XI du même document.

Genèse 6-9 (les récits yahviste et sacerdotal sont ici fusionnés)	*Mythe d'Atrahasis (18e-17e siècle avant J.C.) Tablette*	*XI de l'*Épopée de Gilgammesh *(7e siècle avant J.C.)*
La multiplication des humains.	Le déluge résulte d'une querelle entre	Les dieux (conduits par Enlil) tombent

Genèse 6-9 (les récits yahviste et sacerdotal sont ici fusionnés)	*Mythe d'Atrahasis (18ᵉ-17ᵉ siècle avant J.C.)* *Tablette*	*XI de l'*Épopée de Gilgammesh *(7ᵉ siècle avant J.C.)*
s'accompagne de la recrudescence de la méchanceté.	les dieux (Enki et Ellil) suite à la création d'humains trop bruyants.	d'accord pour envoyer un déluge contre les humains (pas de querelle).
Dieu décide de détruire les êtres vivants par un déluge. Mais Noé trouve grâce devant Dieu qui lui demande de construire une arche de sauvetage pour lui-même, sa famille, et des couples d'animaux.	Ellil décide de faire venir sur les humains un déluge. Enki en avertit Atrahasis par un songe et lui donne des instructions sur la construction d'un bateau de sauvetage. Il le prévient que le déluge durera sept jours.	Éa en avertit Utanapishtim et lui ordonne de construire un bateau de sauvetage ; celui-ci obéit. Le déluge dure sept jours.
Au déclenchement du déluge, Noé entre dans l'arche avec sa famille et les couples d'animaux choisis.	(Le récit est interrompu)	Utapanishtim entre dans le bateau avec les siens et les animaux préservés et ferme la porte. Le déluge est si violent que les dieux eux-mêmes prennent peur et se réfugient sur les hauteurs, alors que la déesse Ishtar regrette de l'avoir envoyé.
À la fin du déluge, Noé sort de l'arche et offre des sacrifices à Dieu… qui le bénit et établit une alliance avec lui.	Il reprend quand Atrahasis offre un sacrifice et que les dieux se querellent de nouveau pour déterminer les responsabilités.	Après le déluge, Utapanishtim sort du bateau et est saisi par l'ampleur des dégâts. Il offre un sacrifice sur lequel les dieux s'agglutinent comme des mouches. Ishtar les invite à y prendre

Genèse 6-9 (les récits yahviste et sacerdotal sont ici fusionnés)	*Mythe d'Atrahasis (18ᵉ-17ᵉ siècle avant J.C.) Tablette*	*XI de l'*Épopée de Gilgammesh *(7ᵉ siècle avant J.C.)*
		part, excepté Enlil, auteur du déluge, qui est furieux de ce que des humains aient survécu. Enlil bénit néanmoins Utapanishtim et Ishtar n'oubliera pas ce qui s'est passé.

Quelques observations s'imposent:

- La structure du récit biblique reprend des éléments des deux mythes mésopotamiens. En fait, le récit biblique étant lui-même constitué de deux traditions (yahviste et sacerdotale), l'on remarque que chacune des traditions bibliques se rapproche davantage d'un des mythes mésopotamiens.

- Il est clair que l'auteur du récit biblique connaissait bien ces histoires diffusées par l'*Épopée de Gilgamesh.*

- Le récit est retravaillé de manière à lui donner des allures d'historicité et à le conformer au monothéisme hébreu. Il rentre bien, au plan narratif, dans la grande histoire qui va de la création à l'exil et va servir (hormis l'épisode de la tour de Babel) comme transition vers l'histoire des patriarches.

2. Les textes législatifs: Dt 22, 23-24 et le Code de Shulgi (2e millénaire), art. 6

Code de Shulgi art. 6	*Dt 22, 23-24*
Si un homme enlève une femme vierge et fiancée, il sera mis à mort.	23 Si une jeune fille vierge est fiancée à un homme, et qu'un homme la trouve dans la ville et couche avec elle, 24 vous les ferez sortir tous les deux à la porte de cette ville, et vous les assommerez de pierres, et ils mourront : la jeune fille, parce que, étant dans la ville, elle n'a pas crié, et l'homme, parce qu'il a humilié la femme de son prochain ; et tu ôteras le mal du milieu de toi.

Remarques:

- Le *Code de Shulgi* (repris par le *Code d'Hammourabi* art. 130 qui précise que la femme sera acquittée) est extrêmement sommaire et ne donne aucune précision sur les conditions du rapt et du viol et ne dit pas à qui la sentence de mort doit être appliquée (on suppose que c'est à l'homme);

- Le Code deutéronomique reprend les termes du *Code de Shulgi* et les développe en précisant le lieu du rapt et du viol, le lieu et le mode d'exécution de la peine de mort: à la porte de la ville et par lapidation;

- Il motive la sentence: la femme est passivement coupable puisqu'elle n'a pas crié (elle a donc consenti) et l'homme l'est activement pour avoir humilié la femme de son prochain;

- Il justifie aussi la sentence: ôter le mal du milieu du peuple; il s'agit de préserver la sainteté (une justification religieuse). C'est pourquoi l'exécution doit se faire hors de la ville.

- Le Code deutéronomique précise également que si le même acte s'est passé en brousse, la femme ne sera pas punie de mort parce qu'on peut supposer qu'ayant crié, elle n'ait été entendue par personne. Ce développement explique donc qu'en ville, si la femme n'a pas crié, elle est consentante et donc coupable de la même manière que son violeur qui, dans ce cas, n'est plus un violeur, mais adultère. Le motif de la condamnation n'est donc pas le viol, mais l'infidélité ou l'adultère.

- La loi est adaptée et rendue plus draconienne pour des raisons religieuses.

VI. Le jeu intertextuel des textes de l'Ancien Testament

1. Le problème des traditions concurrentes: les récits dupliqués ou triplés

De nombreux textes de l'Ancien Testament présentent des traditions concurrentes, avec des récits dupliqués ou triplés. On en a des exemples avec les récits des sœurs épouses en Genèse 12; 20 et 26 ou ceux de refus d'hospitalité en Genèse 18 et Juges 19.

2. Des formules devenues proverbiales

C'est le cas par exemple pour la maxime «la crainte du Seigneur est le commencement de la sagesse», que l'on rencontre à plusieurs endroits, avec quelques petites nuances dans la formulation: Ps 111, 10 // Pr 1, 7; 9, 10; 15, 33. On peut aussi mentionner Pr 10, 23 («la crainte du Seigneur augmente les jours») et ses variantes en Pr 14, 27 («La crainte du Seigneur est une source de vie») et en Pr 19, 23 («La crainte du Seigneur mène à la vie»).

3. Des cas de relecture et de réécriture

C'est le cas, par exemple, de la reprise, parfois mot pour mot, des passages entiers des livres de Samuel-Rois dans 1-2 Chroniques.

1 Rois 9, 6-7	*2 Ch 7, 19-20*
6 Si vous vous détournez de moi, vous et vos fils, et que nous ne gardiez pas mes commandements, mes statuts, que j'ai mis devant vous, et que vous alliez et serviez d'autres dieux et vous prosterniez devant eux,	19 Mais si vous vous détournez, et que vous abandonniez mes statuts et mes commandements que j'ai mis devant vous, et que vous alliez et serviez d'autres dieux et vous prosterniez devant eux,
7 je retrancherai Israël de dessus la face de la terre que je leur ai donnée ; et la maison que j'ai sanctifiée pour mon nom, je la rejetterai de devant ma face ; et Israël sera un proverbe et un sujet de raillerie parmi tous les peuples.	20 je vous arracherai de dessus ma terre que je vous ai donnée ; et cette maison que j'ai sanctifiée pour mon nom, je la rejetterai de devant ma face, et j'en ferai un proverbe et un sujet de raillerie parmi tous les peuples.

Parfois, le texte repris est réécrit en contexte:

1 Rois 9, 3	*2 Ch 7, 12*
Et le Seigneur lui dit : J'ai entendu ta prière et la supplication que tu as faite devant moi ; j'ai sanctifié cette maison que tu as bâtie, pour y mettre mon nom à jamais ; et mes yeux et mon cœur seront toujours là.	Et le Seigneur apparut de nuit à Salomon, et lui dit : J'ai entendu ta prière, et je me suis choisi ce lieu-ci pour une maison de sacrifice.

4. Un processus de réception

Un exemple ici peut être les deux versions du Décalogue en Exode 20 et Deutéronome 5 où le commandement du jour du Sabbat, repris d'Exode, trouve une justification différente dans le Deutéronome. Tandis que dans Exode 20 le sabbat doit rappeler que Dieu a travaillé en six jours et s'est reposé au septième, dans Deutéronome 5 il doit être observé parce qu'Israël a été captif en Égypte.

VII. D'un testament à l'autre

1. Les citations et paraphrases de l'Ancien Testament dans le Nouveau

Le Nouveau Testament reprend abondamment l'Ancien, en forme de citations ou de paraphrases libres. Les citations sont souvent faites à partir de la Septante, ou de mémoire, avec quelquefois des adaptations locales. Quelques rares fois, le passage cité l'est dans l'hébreu, contre la leçon de la Septante.

Exemple: Mt 6-1 ,2 // Mi 1 ,5 - cité à partir de la Septante.

Mt 2, 1-6	*Mi 5, 1 (2)*
1 Or, après que Jésus fut né à Bethlehem de Judée, aux jours du roi Hérode, voici, des mages de l'orient (...)	
5 Et ils lui dirent : À Bethlehem de Judée ; car il est ainsi écrit par le prophète : 6 "Et toi, Bethlehem, terre de Juda, tu n'es nullement la plus petite parmi les gouverneurs de Juda, car de toi sortira un conducteur qui paîtra mon peuple Israël".	(Et toi, Bethlehem Ephrata, bien que tu sois petite entre les milliers de Juda, de toi sortira pour moi celui qui doit dominer en Israël, et duquel les origines ont été d'ancienneté, dès les jours d'éternité.)

2. Des reprises analogiques: ex. l'ancien et le nouvel Adam, le grand prêtre et Jésus

Rm 5, 14 et 1 Co 15, 22	*Genèse 2-3*
Cependant la mort a régné depuis Adam jusqu'à Moïse, même sur ceux qui n'avaient pas péché par une transgression semblable à celle d'Adam, lequel est la figure de celui qui devait venir. Et comme tous meurent en Adam, de même aussi tous revivront en Christ	Réinterprétation de l'histoire de la chute d'Adam

3. En général, une lecture christologique de l'Ancien Testament

Le Nouveau Testament (en l'occurrence l'événement du Christ) est vu comme accomplissement des prophéties de l'Ancien Testament. Par exemple, Jésus est présenté comme Nazaréen sur la base d'Es 11, 1 et Jean-Baptiste comme le héraut d'Ésaïe 40, etc. C'est ce qui fait que l'on parle parfois du Nouveau Testament comme d'un midrash de l'Ancien.

Mt 2, 21-23	*Es 11, 1*
21 Joseph se leva, prit le petit enfant et sa mère, et alla dans le pays d'Israël.	
22 Mais, ayant appris qu'Archélaüs régnait sur la Judée à la place d'Hérode, son père, il craignit de s'y rendre ; et, divinement averti en songe, il se retira dans le territoire de la Galilée, 23 et vint demeurer dans une ville appelée Nazareth, afin que s'accomplît ce qui avait été annoncé par les prophètes : Il sera appelé Nazaréen.	Il n'est pas question de Nazaréen, mais juste le mot « rejeton » qui, en hébreu, est נֵצֶר (neçer), phonétiquement proche de Nazar–La fausse lecture ne vient pas de LXX, mais l'auteur de Matthieu a forcé le rapprochement.

Mt 3, 3

3 Jean est celui qui avait été annoncé par Ésaïe, le prophète, lorsqu'il dit : C'est ici la voix de celui qui crie dans le désert : Préparez le chemin du Seigneur, Aplanissez ses sentiers.

Es 40, 3

3 Une voix crie : Préparez au désert le chemin du Seigneur, Aplanissez dans les lieux arides Une route pour notre Dieu.
4 Que toute vallée soit exhaussée, Que toute montagne et toute colline soient abaissées ! Que les coteaux se changent en plaines, Et les défilés étroits en vallons !

4. Des changements de perspective

Dans le sermon sur la montagne, version de Matthieu, Jésus reprend des lois de l'Ancien Testament et leur donne une nouvelle perspective, souvent plus radicale: «Il vous a été dit… moi je vous dis».

Mt 5, 21-22

21 Vous avez entendu qu'il a été dit aux anciens : Tu ne tueras point ; celui qui tuera mérite d'être puni par les juges.
22 Mais moi, je vous dis que quiconque se met en colère contre son frère mérite d'être puni par les juges ; que celui qui dira à son frère : Raca ! mérite d'être puni par le sanhédrin ; et que celui qui lui dira : Insensé ! mérite d'être puni par le feu de la géhenne.

Ex 20, 13 et Dt 5, 17

« Tu ne tueras point ».

Jésus reprend le sixième commandement tel qu'il est stipulé dans le Décalogue, avec son extension dans la Torah orale, mais lui donne une nouvelle perspective en la radicalisant.
Idem pour les autres cas jusqu'à la fin du chapitre 5 de Matthieu.

VIII. Intertextualité et traduction

Le travail de traduction, en tant que reprise d'un texte dans un autre, est un travail intertextuel et, en retour, citer, faire allusion, paraphraser, adapter, voire détourner un texte, qui sont différents modes d'intertextualité, c'est traduire, c'est-à-dire rendre le texte dans le langage et le contexte du nouveau lecteur. Le travail du traducteur de la Bible n'est, en réalité, pas autre chose que cela.

En traduisant la Bible, dont les textes originaux sont dans des langues qui comportent des référents et reflètent des contextes qui ne sont pas les nôtres, nous faisons juxtaposer, dans le texte que nous produisons, au moins deux textes: celui que nous traduisons et celui que nous construisons. C'est ce qui arrive dans le phénomène de reconstruction ou de reformulation de phrases pour des raisons linguistiques ou de cohérence, par exemple dans la Septante de 1 R 17, 6: le traducteur a vraisemblablement reformulé le texte.

TM	LXX
וְהָעֹרְבִים מְבִיאִים לוֹ לֶחֶם וּבָשָׂר וְלֶחֶם בַּבֹּקֶר וּבָשָׂר יִשְׁתֶּה וּמִן־הַנַּחַל בָּעָרֶב	καὶ οἱ κόρακες ἔφερον αὐτῷ ἄρτους τὸ πρωὶ καὶ κρέα τὸ δείλης καὶ ἐκ τοῦ χειμάρρου ἔπινεν ὕδωρ
DRB : Et les corbeaux lui apportaient du pain et de la chair le matin, et du pain et de la chair le soir, et il buvait du torrent.	Et les corbeaux lui apportaient du pain le matin et de la viande le soir et il buvait de l'eau du torrent.

Chapitre 8.
Approches synchroniques

Contrairement aux approches diachroniques qui partent du contexte du texte pour le comprendre et accordent une importance capitale à l'histoire du texte qu'elles étudient, parfois au point de le déconstruire, dans les approches synchroniques (que l'on considère souvent comme une réaction à l'historicisme des approches précédentes) le texte est considéré tel quel, dans la forme sous laquelle il nous est parvenu.

Son histoire importe peu, et tel qu'il se présente, cela suffit – pas besoin d'un soi-disant texte original; chaque tradition textuelle peut être en soi un objet d'étude. L'intérêt principal est alors porté sur les éléments littéraires, la mise en forme du texte: structures, figures, éléments de persuasion, etc. Selon Roland Barthes: le texte est «un objet exceptionnel, dont la linguistique a bien souligné le paradoxe: immuablement structuré et cependant infiniment renouvelable: quelque chose comme le jeu d'échecs»[28].

Il faut cependant se garder d'opposer à l'excès les approches diachroniques et synchroniques. Il est en effet rare, voire impossible, d'appliquer exclusivement les approches diachroniques sans avoir recours aux éléments synchroniques (vous l'avez sans doute déjà remarqué au point 6 du chapitre 4), et inversement. Reprenons brièvement deux de ces éléments: le genre littéraire et la structure.

28 R. Barthes (1973), *Le plaisir du texte*, p. 82.

I. Le genre littéraire

Commençons par définir ce concept de genre littéraire. Pour le faire, nous empruntons la définition de l'encyclopédie en ligne *Wikipédia*:

> Un genre littéraire est un concept de type catégoriel qui permet de classer des productions littéraires en prenant en compte des aspects de genre pictural, genre narratif ou genre dramatique, de contenu (entre autres: roman d'aventure, journal intime, théâtre de boulevard, etc.), ou encore de registre (fantastique, tragique, comique notamment). Divers critères pouvant se combiner et se chevaucher pour déterminer des catégories secondaires, la liste des genres n'étant en effet pas close. Le débat sur la constitution des genres littéraires existe depuis Platon et surtout depuis l'ouvrage majeur en la matière d'Aristote: la Poétique.
>
> Inscrire une œuvre dans un genre est une façon de répondre à l'horizon d'attente d'un public donné. Selon la façon dont une œuvre est présentée (roman, autobiographie, comédie, drame...), le lecteur s'en fait une représentation plus ou moins stéréotypée, qui peut cependant être remise en question lors de la lecture. Le genre est donc, avant tout, une convention qui donne un cadre au public et fonctionne comme un modèle d'écriture pour les auteurs. C'est ce que souligne Tzvetan Todorov: "Chaque époque a son propre système de genres, qui est en rapport avec l'idéologie dominante. Une société choisit et codifie les actes qui correspondent au plus près à son idéologie; c'est pourquoi

l'existence de certains genres dans une société, leur absence dans une autre, sont révélatrices de cette idéologie"[29].

Un genre est aussi un premier échange entre l'auteur et le lecteur qui se fait au moyen du paratexte. L'étiquetage du genre est parfois délicat à déterminer comme pour l'autofiction qui joue sur réalité et imaginaire entre roman et autobiographie, le roman à thèse comme Le Dernier Jour d'un condamné qui appartient à la fois au roman et au genre argumentatif, ou encore pour l'épopée, genre à la fois narratif et versifié.

Au moins deux observations s'imposent à la lecture de cette longue définition:

- Le genre littéraire est un concept catégoriel dont les critères ne sont pas faciles à établir. Plusieurs critères peuvent se chevaucher ou se combiner.

- En conséquence, il n'y a pas une liste fixe de genres littéraires, et c'est une question discutée depuis l'antiquité. C'est une question de conventions, et les genres sont d'abord une classification commode dans un contexte donné.

Notre classification des genres littéraires de la Bible tiendra donc compte de ces paramètres et restera quelque peu subjective et limitée. Pour l'Ancien Testament, on a des récits, des lois, des chants populaires et cultuels (Psaumes et Cantique des cantiques), de la prophétie, des écrits de sagesse (réflexions, proverbes et maximes...) des lettres,

29 Tzvetan Todorov (1994), *Les Formes du discours*, cité dans Michel Corvin, *Qu'est-ce que la comédie*, Paris, Dunod, p. 4.

des discours, des prières. Pour le Nouveau, on aura les récits (évangiles, avec des paraboles, actes), des lettres ou épîtres, une apocalypse (que l'on pourrait ranger dans le genre prophétique)[30].

1. Les récits

Ils rassemblent des souvenirs d'origines diverses (familiales, claniques, tribales, nationales, religieuses). Ces souvenirs sont souvent mêlés de mythes d'origines étrangères ainsi que de légendes de toutes sortes. Le genre narratif de l'Ancien Testament est constitué de plusieurs sous-genres: les sagas familiales, les contes, les mythes et légendes, les nouvelles (appartenant au genre romanesque).

2. Les lois ou textes législatifs

Les lois constituent, dans l'esprit des auteurs bibliques et des Juifs en général, le cœur de la révélation divine, donc de l'Écriture. Les lois proprement dites sont dispersées dans les livres de l'Exode, des Nombres, du Lévitique et du Deutéronome. On y trouve des lois de différentes sortes: lois cultuelles (Lévitique surtout), loi de l'alliance (le Décalogue), lois de relations sociales et internationales reprises parfois de recueils étrangers comme le *Code d'Hammourabi*. Ces lois sont formulées de façon absolue (lois apodictiques, comme le Décalogue) ou casuelle (lois casuistiques, c'est-à-dire traitant des cas).

30 J. Koulagna (2010), *L'Ancien Testament, pour commencer*, p. 51-57.

3. La prophétie

La prophétie n'est pas seulement une fonction, un ministère. Elle est aussi un genre littéraire, avec des traits caractéristiques propres. Ce genre en comporte d'autres: l'oracle, l'exhortation, l'autobiographie, la description, la biographie narrative, l'hymne, la confession, l'invective et la menace, l'allégorie[31]. Les prophéties aussi sont disséminées à travers tout l'Ancien Testament, aussi bien dans les livres proprement prophétiques que dans d'autres parties, y compris parfois les psaumes.

4. La poésie

Les récits à caractère épique, les légendes des grands personnages et les légendes tribales ou nationales, pour passer des générations, sont transmis par le moyen de la poésie et du chant. La poésie occupe ainsi une place importante dans l'Ancien Testament. On la retrouve dans les Psaumes, le Cantique des cantiques, des textes prophétiques, mais aussi un peu partout ailleurs.

5. Des lettres

On en retrouve dans les livres d'Esdras (4, 8-24; 5, 6-17) et Néhémie ou dans la version grecque du livre d'Esther. Un peu plus de la moitié du Nouveau Testament est constituée de

31 W. Harrington (1971), *Nouvelle introduction à la Bible*, p. 347-348.

lettres (épîtres pauliniennes et deutéropauliniennes, épîtres dites catholiques. D'une certaine manière, l'Apocalypse de Jean même peut être considérée comme une épître adressée, dans un langage crypté, aux communautés chrétiennes de la province romaine d'Asie, notamment les sept mentionnées dans les chapitres 2 et 3.

6. Les textes de sagesse

La littérature de sagesse est une des plus répandues de l'ancien Orient, la fonction de sage aussi. En Égypte comme en Mésopotamie, on trouve une catégorie professionnelle regroupée sous l'appellation de «sages», et qui englobe aussi bien les conseillers de la cour que les magiciens et les diseurs de bonne aventure.

Il n'est guère aisé d'inventorier les livres qui correspondent à l'étiquette de «sapientiaux». La sagesse israélite ne se concentre pas uniquement sur certains livres. Elle pénètre toute la pensée et tout le mouvement de la Bible, et en particulier de l'Ancien Testament. La tradition hébraïque a regroupé les écrits de sagesse dans les livres des Proverbes, Qohélet (Ecclésiaste), et Job. Mais on les retrouve aussi dans les psaumes dits sapientiaux, Daniel… et dans les deutérocanoniques (Sagesse, Ben Sirah ou Siracide, Baruch, Tobit…) et la littérature apocryphe et intertestamentaire qui mêle souvent sagesse et prophétie.

7. Des discours

Ils peuvent être des sermons (comme le sermon sur la montagne), des paraboles inspirées des faits sociaux réels et destinées à répondre à une situation ou à une question comme on en rencontre dans les discours de Jésus. Mais ils peuvent aussi être des discours destinés à persuader, et suivent alors toutes les exigences de la rhétorique antique, grecque ou hébraïque. On en trouve des exemples dans les discours de Paul à l'aréopage d'Athènes (Ac 17) ou devant Agrippa lors d'un procès (Ac 26).

La détermination du genre littéraire d'un texte permet par ailleurs de le rapprocher d'autres textes du même genre à l'intérieur du corpus biblique ou en-dehors.

II. Questions de structure

Les notions de structure et de structuralisme sont assez complexes à cerner. La structure «décrit d'une manière générale, la façon dont les éléments participants d'un système sont organisés entre eux» (*Wikipédia*). Appliquée à un texte, la structure peut simplement s'entendre comme plan, c'est-à-dire comme modalité de la progression d'un texte. Mais elle peut aussi désigner, de façon plus spécifique, «la forme ordonnée que prennent éventuellement l'ensemble des parties qui le constituent, en tenant compte des liens créés entre elles par des correspondances – ce qu'on appelle des *parallélismes*»[32]. Au plan linguistique, Ferdinand de Saussure, dans son *Cours de linguistique générale* en 1916, envisageait d'étudier la langue comme un système dans lequel chacun des éléments n'est définissable que par les relations d'équivalence ou d'opposition qu'il entretient avec les autres. Cet ensemble de relations forme la structure.

Jean Piaget en donne une définition plus technique et descriptive en ces termes:

> En sa première approximation, une structure est un système de transformation qui comporte des lois en tant que système (...) et qui se conserve ou s'enrichit, par le jeu même de ses transformations, sans que celles-ci aboutissent en-dehors de ses frontières ou fasse appel à des éléments extérieurs. En un mot, une structure comprend ici les trois qualités de totalité, de transformation et d'autoréglage. En seconde approximation, (...) la structure doit pouvoir donner lieu à une formalisation[33].

Nous laisserons de côté le dossier du structuralisme, qui est trop complexe pour être abordé dans le cadre de ce manuel. D'autant que ce n'est ni une école de pensée facilement identifiable, ni une doctrine unifiée.

Les questions de structure relèvent de l'esthétique et de la rhétorique, c'est-à-dire de l'art et de la persuasion. Les textes bibliques ne sont pas seulement des documents religieux.

32 M. Richelle (2012), *Guide pour l'exégèse de l'Ancien Testament*, p. 95-118 (très recommandé), spéc. p. 95.

33 J. Piaget (1968), *Le structuralisme*, p. 7.

Ce sont aussi des pièces littéraires qui obéissent aux règles du discours et de l'écriture de leurs époques. La manière de dire ou d'écrire a forcément un impact sur le contenu de ce que l'on dit ou écrit et détermine la façon dont l'auditeur ou le lecteur comprend ce contenu. On peut ainsi relever, dans la Bible, des structures types, entre autres les structures symétriques ou les parallélismes, l'inclusion, les acrostiches (poèmes alphabétiques), etc.

1. Structures symétriques

La symétrie est, en géométrie, la correspondance exacte entre deux figures (même dimensions et angles), par rapport à un axe (*symétrie* axiale), un centre (*symétrie* centrale) ou encore par rapport à un plan (définition *Vikidia: l'encyclopédie des 13-8 ans*, en ligne), comme sur la figure ci-après. Les deux côtés séparés par un trait se répondent parfaitement:

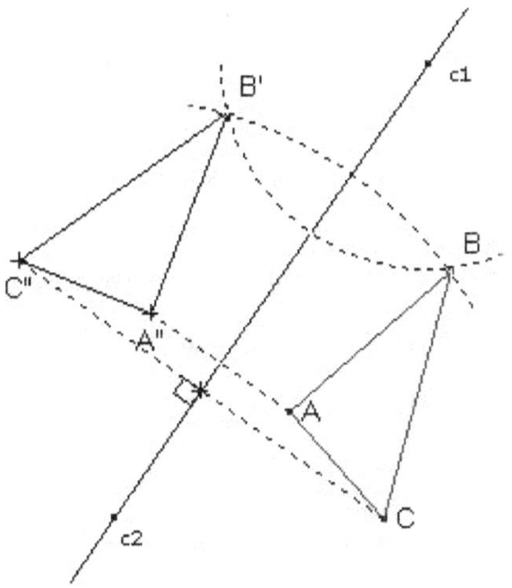

Les auteurs bibliques affectionnent les structures symétriques ou parallélismes, aussi bien dans les textes en prose que dans la poésie, quelle que soit la taille du texte en question (un vers, une phrase, une section petite ou grande, un chapitre, voire un livre entier). Ces parallélismes peuvent être en forme de chiasme ou concentrique.

Par exemple, Ernst R. Wendland[34] montre comment tout le livre de Ruth est construit sur une structure symétrique sous forme de chiasme: A-B-C-D-E-F // F'-E'-D'-C'-B'-A'. On parle de parallélisme inversé.

I. (1, 1-22) La misérable vie de Naomi

A. (1-5) Naomi perd sa famille à Moab

B. (6-19a) Ruth témoigne sa confiance à Naomi

C. (19b-22) Naomi retourne à Bethlehem couverte de honte et de regret

II. (2, 1-23) Ruth glane dans le champ de Boaz

D. (1-3) Le plan de Ruth pour trouver de la nourriture

E. (4-16) Boaz montre sa bienveillance à Ruth

F. (17-23) Ruth raconte son succès à Naomi

III. (3, 1-18) Ruth en appelle à la confiance de Boaz

D´. (1-6) Le plan de Naomi pour trouver un époux à Ruth

34 E.R. Wendland (1988), «Structural Symmetry and Its Significance in the Book of Ruth», document web in essays.wls.wels.net/bitstream/handle/.../777/WendlandRuth.pdf, consulté le 29 novembre 2017.

E´. (7-15) Boaz accepte d'aider Ruth
F´. (16-18) Ruth raconte son succès à Naomi

IV. (4, 1-22) Naomi est bénie à travers Boaz et Ruth
B´. (1-10) Boaz "rachète" Ruth
C´. (11-17) Ruth porte Obed for Naomi
A´. (18-22) La lignée du roi David

À l'intérieur de cette macrostructure, les sections sont organisées selon divers modèles symétriques: linéaires, parallèles ou concentriques.

2. Structures linéaires

On parle de structure linéaire lorsque l'auteur (souvent en prose) emploie une phraséologie parallèle dans une sorte d'enveloppe pour établir les limites d'une sous-unité particulière dans le discours. Cela peut se retrouver à des endroits différents et éloignés. Par exemple:

Rt 1, 3: *Élimélec mourut... et elle (Naomi)*
resta avec ses deux fils.

5: *Machlon et Kiljon moururent aussi tous les deux, et Naomi resta privée de ses deux fils et de son mari.*

וַתִּשָּׁאֵר הִיא וּשְׁנֵי בָנֶיהָ	וַיָּמָת אֱלִימֶלֶךְ ...
וַתִּשָּׁאֵר הָאִשָּׁה מִשְּׁנֵי יְלָדֶיהָ וּמֵאִישָׁהּ	וַיָּמוּתוּ גַם־שְׁנֵיהֶם מַחְלוֹן וְכִלְיוֹן

Mais cette structure peut être mieux élaborée comme dans Rt 1, 11-12a:

Retournez, mes filles ! (שֹׁבְנָה בְנֹתַי)

Pourquoi viendriez-vous avec moi?

Ai-je encore dans mon sein des fils

qui puissent devenir vos maris?

(וְהָיוּ לָכֶם לַאֲנָשִׁים).

Retournez, mes filles, allez ! (שֹׁבְנָה בְנֹתַי)

Je suis trop vieille

...

pour me remarier. (מִהְיוֹת לְאִישׁ).

Elle peut être plus complexe encore.

3. Structures concentriques

Ce sont des structures proches des chiasmes, à la différence que l'élément du milieu ne se dédouble pas. Au lieu de a-b-c// c'-b'-a', on aura a-b-*c*-b'-a'. Une illustration de cette structure peut être observée dans le récit de l'entrevue de David avec Nathan suite à l'incident avec Bathshéba, en 2 S 12, 1-15a:

a) v. 1 - ouverture: Nathan envoyé vers David (mise en place)

b) v. 2-4 – la parabole de Nathan

c) v. 5-6 – réaction et jugement de David

b') v. 7-14 – discours interprétatif de Nathan: «c'est toi»

a') v. 15a – clôture: Nathan s'en retourne chez lui.

Les récits de la tour de Babel (Gn 11, 1-9), du règne de Salomon (1 R 3-11) et de nombreux autres, y compris dans le

Nouveau Testament (par exemple de nombreux passages dans l'Évangile de Matthieu, le prologue de Jean en Jn 1, 1-18) présentent des structures analogues, à des variantes près.

Ces formes de parallélisme et bien d'autres sont très présentes dans la poésie biblique, notamment des les psaumes[35]. Mais il y a aussi des poèmes acrostiches, c'est-à-dire dont les vers sont disposés suivant l'ordre alphabétique, comme les psaumes 34, 37, 111, 112, 119 et 145.

4. L'inclusion

Roland Meynet définit l'inclusion comme «la reprise d'un même élément (ou de plusieurs) au début et à la fin d'une unité ; sa fonction est donc de marquer les limites d'un passage»[36]. Par exemple, dans le Psaume 29, le mot עֹז, rendu par «force» ou «puissance», est employé deux fois seulement, une au début (v. 1) et une autre à la fin (v. 11), marquant ainsi les limites de ce psaume. Il en est de même avec les mots «Seigneur notre Seigneur» dans le Psaume 8 et le mot אֲדֹנָי (Seigneur) en Ésaïe 61. Il y a donc inclusion «quand une unité ou élément textuel (par exemple poème, vers, phrase) termine avec une répétition de son commencement. Parfois une inclusion est combinée avec un refrain [cf. début et fin du Psaume 8], mais les fonctions d'inclusion sont autres que celles d'un refrain»[37].

35 Voir pour cela J. Koulagna (2010), *L'Ancien Testament, pour commencer*, p. 81-83.
36 Roland Meynet (1978), «Comment établir un chiasme? À propos des ''Pèlerins d'Emmaüs''», *NRT* 100, 233-249, spéc. p. 234-235.
37 Tim Bulkeley (2004), «Répétition», cours, en ligne sous licence de Creative Commons.

Cela peut se retrouver dans des textes plus longs, par exemple dans le livre du Deutéronome qui s'ouvre et se ferme par des versets qui présentent Moïse comme chef du peuple et chargé de lui transmettre les paroles du Seigneur:

> *Dt 1, 1 et 3: Voici les paroles que Moïse adressa à tout Israël, de l'autre côté du Jourdain… Moïse parla aux enfants d'Israël selon tout ce que le Seigneur lui avait ordonné de leur dire.*
>
> *Dt 34, 10-12: Il n'a plus paru en Israël de prophète semblable à Moïse, que le Seigneur connaissait face à face. Nul ne peut lui être comparé pour tous les signes et les miracles que Dieu l'envoya faire au pays d'Égypte contre Pharaon, contre ses serviteurs et contre tout son pays, et pour tous les prodiges de terreur que Moïse accomplit à main forte sous les yeux de tout Israël.*

Dans ce cas, il ne s'agit pas d'une inclusion de mots, mais d'idées. Les textes bibliques emploient fréquemment cette structure, et il n'est pas impossible qu'elle ait pu jouer un rôle dans le découpage des sections ou des livres.

IV. Étapes d'une démarche

Les cinq temps ci-dessous me semblent résumer l'ensemble de la démarche. Ils ne sont pas exhaustifs comme recette, mais facilitent la compréhension de l'esprit de cette démarche. Le récit de la rencontre de Nathan avec David en 2 S 12, 1-15a servira d'illustration là où c'est nécessaire ou possible.

1. Commencez par lire le texte

Si vous avez accès à la langue d'origine du texte (hébreu, araméen, grec), lisez votre texte dans cette langue, ou faites-y au moins recours; cela représente toujours un atout de plus par rapport à un lecteur qui ne les connaît pas. À défaut, lisez-le dans une version suffisamment littérale pour avoir la chance de conserver des éléments propres au génie de la langue et de la phraséologie hébraïque (ou grecque pour le Nouveau Testament) ou de la langue de la version. Souvenez-vous néanmoins que chaque version, en approche synchronique, peut être objet d'étude, indépendamment du fait que le texte soit original ou pas. Ce qui importe, c'est le texte tel qu'il apparaît dans sa forme actuelle. De ce point de vue, même les versions modernes peuvent intéresser une exégèse de type synchronique. Tout dépend de ce que vous voulez.

2. Situez le texte

Situez ensuite le texte dans le temps et dans son environnement narratif (c'est en quelque sorte l'étude des contextes, comme dans l'exégèse historico-critique) en veillant à faire apparaître les liens, les enchaînements, les mots-crochets éventuels, etc.

> Ce récit (1 S 12, 1-15a) s'intègre dans un récit de guerre contre les Ammonites (chapitres 11-12) et est destiné, dans ce contexte, à montrer que le péché individuel de David a des effets qui s'étendent sur l'ensemble de la communauté, d'autant plus que David est le roi et incarne à lui seul tout le

peuple: Israël est battu (11,17), jusqu'à ce que David reconnaisse sa faute et s'humilie; ensuite seulement vient la victoire (12,26). Mais ce récit de guerre lui-même fait partie de la grande histoire dite de transition (2 S 9-1 R 2) qui, tout en montrant les effets de cette faute sur la suite de l'histoire de la famille royale (12,10-11), entame le processus de sélection par éliminations successives des prétendants potentiels ou affichés au trône.

Le contexte du récit se présente en cercles concentriques comme suit:

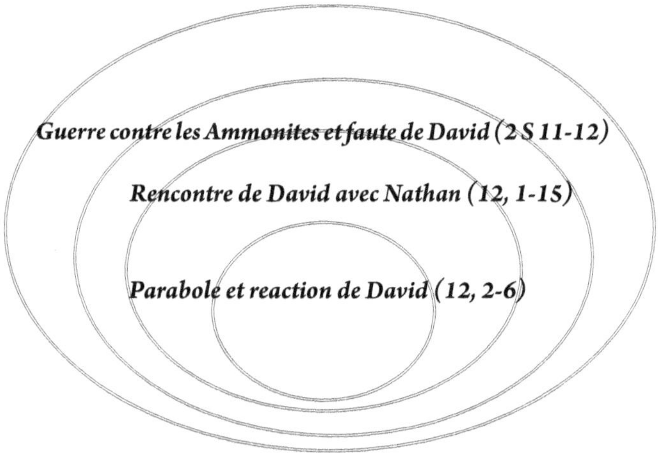

3. Définissez la structure du texte

À la manière d'un anatomiste, disséquez votre texte en montrant les éléments littéraires ou thématiques qui le structurent. La structure littéraire formelle (découpage) ou thématique et théologique (obtenue par regroupements ou recoupements de thèmes) peut éventuellement servir de canevas à votre rédaction.

Notre récit présente une structure concentrique, caractéristique de la littérature biblique, tant en poésie (parallélisme chiastique) qu'en prose narrative. L'accent porte ici sur la réaction de David contre l'homme inique de la parabole. En jugeant cet homme, David se juge lui-même. En pointant l'index sur l'homme fictif de la parabole, il ne voit pas que son pouce est pointé sur lui, homme réel. → L'ironie (elle aussi caractéristique du récit biblique) est mise au service d'une leçon à apprendre: le justicier découvre sa propre injustice et se retrouve dans la position de l'accusé.

v. 1 - ouverture: Nathan envoyé vers David (mise en place)

  v. 2-4 - la parabole de Nathan

    v. 5-6 - réaction et jugement de David

  v. 7-14 - discours interprétatif de Nathan: «c'est toi»

v. 15a - clôture: Nathan s'en retourne chez lui

4. Organisez votre rédaction

Le travail de laboratoire ou de brouillon ainsi terminé, organisez votre rédaction (la synthèse commentée des résultats de votre étude) comme une dissertation, en faisant ressortir les moments théologiques du texte ainsi que les éléments littéraires et stylistiques qui les mettent en valeur.

Dans notre récit, les éléments suivants pourraient rentrer dans votre commentaire:

La fonction de la parabole est d'amener David à prononcer un jugement qui sera retourné contre lui («cet homme mérite la mort ! - v. 5… Il n'a pas de cœur !» - v. 6), mais pour lequel il ne pourra ensuite accuser le prophète. Il y a donc une fonction psychologique de persuasion, mais aussi d'esquive de la part de Nathan. David est ainsi pris dans son propre piège («cet homme, c'est toi !» - v. 7) et devient passagèrement un insensé. Nathan n'a plus besoin d'ajouter: «c'est toi qui n'as pas de cœur !»; David doit être en mesure de tirer lui-même cette conclusion.

Le non-dit théologique du narrateur semble être: *«la crainte du Seigneur* est le commencement de la sagesse», et le mépris de la parole du Seigneur est signe et synonyme de folie. Un contraste, qui exprime une autre ironie: tandis que le rapport des forces reste inégal dans la parabole, il s'équilibre dans le récit extérieur: le pouvoir royal de David est contrebalancé par l'autorité divine dont se revêt le prophète. À la fin, c'est le plus fort (David) qui va s'humilier devant le plus faible (Nathan).

C'est là un reflet de la théologie et de l'idéologie deutéronomiste selon laquelle le pouvoir véritable vient de Dieu par ses envoyés (les prophètes) et la Torah (ici «la parole du Seigneur»), et que le roi est jugé en fonction de sa soumission à la parole des prophètes et la loi de la Torah (cf. les formules d'appréciation des rois en fin de règne dans les livres des Rois: «Il fit ce qui est bien (ou ce qui est mal) aux yeux du Seigneur».

Mais il y a aussi le reflet d'une lutte pouvoir sur fond religieux: le pouvoir religieux (représenté ici par le prophète) essaie de s'affirmer face au pouvoir monarchique (cf. les rapports tumultueux de Samuel avec Saül dans 1 S 15-16 qui se soldent par un coup d'état et les manœuvres futures de Nathan dans le récit de l'ascension de Salomon en 1 R 1-2).

Et au-delà de l'immédiateté du texte...

Le récit amorce la légitimation du choix de Salomon (dont la naissance sera saluée comme une consolation, après l'humiliation de David – sur fond de repentance, autre thème majeur de la théologie deutéronomiste), qui sera visible en 1 R 1-2.

→ Manipulation politico-idéologique (discréditer le héros sur un fait divers pour mieux l'élever et le légitimer au plan religieux et politique) ou collusion de traditions textuelles différentes et antagonistes (problèmes rédactionnels)?

→ David présenté comme l'homme idéal selon le modèle deutéronomiste: il a péché, mais a ensuite reconnu son péché et s'est humilié

→ Autre trait de la théologie deutéronomiste: Dieu qui punit le péché et Dieu qui pardonne (cf. la prière de Salomon lors de la dédicace du temple: pétitions 2, 3, 4 et 7 en 1 R 8,33-40.46-53)

5. Présentez ou résumez les conclusions de votre analyse

À la fin, en guise de conclusion, faites un résumé succinct des principaux points théologiques de votre commentaire, et montrez comment votre texte prend place (ou ne prend pas place) dans un ensemble narratif ou historico-temporel global.

On a affaire à une structure d'ensemble basée sur le jeu des opposés, qui mêle critique de l'institution royale et respect de la dynastie davidique, ironie et parole d'espérance, mais qui exprime également les rapports d'autorité entre l'institution royale et l'institution prophétique. Mais cette séquence fait aussi réfléchir sur la lecture que l'on pourrait faire de la personnalité des deux protagonistes: manipulateurs et rusés.

Chapitre 9.
De l'exégèse universitaire à l'herméneutique paroissiale en contexte africain

I. Une exégèse souvent en rupture avec la base croyante et lectures «d'en bas»

1. Des méthodes héritées des missions coloniales

Mises à part les époques du christianisme antique et du début du Moyen-âge, on peut dire que la Bible est arrivée en Afrique dans les valises des explorateurs et commerçants européens et des représentants de l'Église catholique romaine, entre le 15e et le 18e siècle. La première exégèse, pour l'Afrique sub-saharienne, date de cette époque. Elle était caractérisée par:

- la volonté des colons non seulement à justifier leur entreprise, mais aussi à détourner le contenu des textes pour servir cette cause. Les anecdotes sur l'utilisation des textes qui prêchent la pauvreté et la soumission sont nombreuses;

- la volonté d'utiliser les textes comme véhicules des valeurs de la civilisation occidentale (dans le cadre d'une mission civilisatrice), en dévalorisant, disqualifiant et détruisant les cultures locales;

- l'importation des méthodes développées en Europe (l'exégèse historico-critique parfois dans sa forme radicale) dans les écoles de formation biblique et théologique par les missionnaires au moment de la création de celles-ci.

Il y a assez longtemps que cette lecture missionnaire et coloniale a commencé à être contestée. Et pourtant…

Aujourd'hui encore, dans bien des institutions de formation théologique, la méthode historico-critique passe encore pour être LA méthode scientifique par excellence, souvent mal maîtrisée par les enseignants eux-mêmes qui en font un dogme, harassant les étudiants par une prétendue science qui se montre ésotérique, et sans rapport avec les attentes du travail. Souvent, ça devient de l'exégèse pour l'exégèse, enseignée comme discipline universitaire sans lien avec l'Église. Il en est ainsi d'autres disciplines théologiques: théologie systématique, histoire ecclésiastique, etc.

Ceci est dû en partie au fait que les programmes sont souvent hérités des missionnaires fondateurs, sans révision sérieuse, et que bien des biblistes africains aient été et soient même encore formés en Occident.

En conséquence:

Les étudiants abandonnent ces connaissances aux portes des écoles et s'en vont en paroisse faire autre chose; on en arrive parfois, en écoutant les pasteurs à la chaire, à se demander s'ils ont jamais reçu une formation théologique;

D'autres colportent en paroisse des savoirs qui donnent un air d'ésotérisme, avec des gros mots et de grandes formules vides mais lassantes pour des fidèles qui n'y comprennent rien ou s'ennuient.

2. Des théologies et lectures «d'en bas»

Puisque l'exégèse et la théologie des églises et de leurs institutions semblent rester étrangères et ne pas répondre aux aspirations des chrétiens africains de base (paradoxalement aussi bien dans les classes peu scolarisées que dans la haute société), des solutions alternatives sont trouvées. Celles-ci se manifestent de diverses manières.

Premièrement, des théologies «d'en bas» se développent, colportant avec elles des fondamentalismes divers. Ces lectures d'en bas sont souvent l'œuvre de ces mêmes pasteurs et catéchistes qui n'ont pas trouvé ou ont eu l'impression de ne pas trouver leur compte à l'école, et qui développent leurs propres méthodes et versent dans des affirmations toutes faites ou du légalisme.

Les églises de maison, dites réveillées, ainsi que des mouvements pentecôtistes tirent ensuite profit de cet état de faits et attirent des gens en situation de précarité sociale ou psychologique par des prédications qui offrent ou promettent un avenir meilleur (avec à la clef la théologie de la prospérité); ces prédications sont en général agrémentées par des coups de miracles. Des chaînes de télévision (Emmanuel TV et autres) offrent souvent une spiritualité sensationnelle et de spectacle qui, à l'immédiat, semble donner des réponses aux questions et inquiétudes de chrétiens qui n'en trouvent pas dans l'exégèse des églises traditionnelles issues des missions.

Mais ce sont aussi parfois des lectures informelles qui se développent en-dehors des églises et des groupes paraecclésiastiques établis. Elles s'illustrent par exemple dans la musique religieuse populaire, devenue un type de musique à succès ces dernières années en Afrique.

Mentionnons enfin l'utilisation magique des Écritures, sous l'influence de l'islam populaire, avec ses breuvages et ses talismans à base de passages bibliques considérés comme ayant des pouvoirs particuliers.

II. Écriture et oralité: repenser l'exégèse biblique

«*Sola Scriptura*», le texte d'abord ! En situation de lecture et d'exégèse, la seule chose dont nous disposons est cette Bible, cet ensemble de textes. La Parole de Dieu en est ainsi, d'une certaine manière, réduite au texte. Celui-ci est lié à l'écriture et joue les fonctions de sauvegarde en assurant la stabilité et la légalité de la lettre contre la fragilité de la mémoire. Il lutte contre le temps.

Mais il n'y a pas d'écriture sans parole orale. «Au commencement était la Parole» (Jn 1, 1), et la parole est devenue Écriture, avons-nous souligné au début de ce manuel. Il n'y a pas de texte sans parole. «Le texte est un objet moral: c'est l'écrit en tant qu'il participe au contrat social; il assujettit, exige qu'on l'observe et le respecte, mais en échange il marque le langage d'un attribut inestimable (qu'il ne possède pas par essence): la sécurité»[38]. Attention donc au textualisme !

38 R. Barthes (1974), «Théorie du texte», in *Encyclopaedia universalis* en ligne, http://www.universalis.fr/encyclopedie.

La conception étroite de la notion de texte et d'auteur résulte de l'individualisation de la production littéraire qui, me semble-t-il, est une conception moderne issue elle-même de l'idéologie individualiste. Celle-ci, dès le 19e siècle, valorise l'individu, prône son autonomie face au groupe et aux pressions que celui-ci est susceptible d'exercer sur lui et, en général, fait prévaloir l'individu sur toute autre forme de réalité.

Mais les textes bibliques ne se présentent en général pas comme des productions individuelles. Ils sont avant tout des textes communautaires. Ils sont produits par et pour la communauté à laquelle ils appartiennent. De ce fait, ils relèvent de la tradition, qui s'exprime d'abord oralement. Aux sources de l'Écriture, se trouve la parole orale. Les formes textuelles, les tournures, les rythmes, etc., viennent tout droit des usages courants, avec la spontanéité qui leur donne leur saveur particulière. Tout est donc oral, au commencement, comme chez tous les peuples sans écriture, comme en Afrique sub-saharienne!

L'exégèse historico-critique occidentale a semblé oublier ces origines orales de la Bible, l'Ancien Testament en particulier. La critique du Pentateuque repose essentiellement sur ce présupposé devenu dogmatique, et les observations d'Herman Gunkel n'ont pas fondamentalement modifié cette situation. C'est là, me semble-t-il, que les biblistes africains, éduqués dans les traditions orales du continent, pourraient aider à repenser la méthode de la critique des sources et des traditions du Pentateuque en mettant en valeur les réflexes de l'oralité, surtout en ce qui concerne les sources yahviste et élohiste.

La prise au sérieux de ce donné oral entraîne pour l'exégèse biblique une méthodologie qui permette d'aller au-delà du texte écrit pour remonter à ses sources orales, ce qui implique que les textes bibliques soient aussi traités, pour certains au moins, comme de la littérature orale.

III. L'ethnolinguistique et l'ethnostylistique comme instrument herméneutique des textes à base orale [39]

L'évolution des sciences du langage, notamment la rencontre et le dialogue entre la linguistique et l'anthropologie et leurs ramifications, peuvent constituer des champs d'exploration potentiellement porteurs pour la recherche biblique africaine. D'autant plus que bien des cultures et des langues africaines se trouvent, à plusieurs égards, proches de celles véhiculées par la Bible, en particulier l'Ancien Testament[40].

L'ethnolinguistique et l'ethnostylistique, en replongeant le lecteur dans le contexte d'élocution et de production discursive et littéraire de chaque texte biblique, sont, de ce fait, susceptibles d'apporter au lecteur un regard nouveau dans

39 Ce point est une reprise simplifiée de J. Koulagna (2014), *Exégèse et herméneutique en contexte*, p. 110-124.

40 On trouve parfois, dans une langue africaine donnée, des racines, des formes et même des syntaxes étonnamment proches de l'hébreu et des langues sémitiques en général. Il se peut que cela soit dû aux contacts de l'Afrique noire avec le monde arabe par le moyen des échanges commerciaux ou de l'esclavagisme.

son propre contexte linguistique et culturel en dévoilant, par exemple, des référents communs porteurs d'une signification actuelle pour le lecteur dans le respect des référents propres à lui et au texte.

1. L'ethnolinguistique

C'est «une discipline des sciences humaines qui se penche sur la variabilité linguistique à travers les différentes sociétés humaines» (définition *Wikipédia*). Son objet est l'interprétation de la culture, contrairement à la sociolinguistique dont elle est proche, mais qui s'intéresse plutôt aux indices et corrélats sociaux de la langue.

La langue est un véhicule de la culture et, en retour, est déterminée par elle. L'ethnolinguistique a ainsi un rôle à jouer dans l'interprétation littéraire des textes dans le contexte d'une culture donnée.

Pour les textes bibliques, l'approche ethnolinguistique pourrait constituer un consensus fécond entre les approches historico-critiques qui mettent l'accent sur le contexte de production (l'auteur d'alors) et les approches linguistiques et structurales qui privilégient celui de la réception contemporaine (le lecteur actuel).

Une lecture contextuelle sérieuse de la Bible ne peut faire l'impasse sur les présupposés linguistiques et culturels du texte ni sur ceux du lecteur. Une compréhension culturelle de la Bible doit pouvoir illuminer le texte, mais ne saurait le contredire ni laisser de côté la pleine affirmation de l'Écriture, au risque que notre autorité ne soit plus celle de la Bible, mais celle de notre compréhension d'anciennes cultures[41] ou de la nôtre uniquement. Dans cette perspective, l'interprète recherche des connecteurs pouvant permettre de passer du contexte et de la culture du texte à ceux du lecteur actuel.

(Illustration pratique: Gn 12, 1 – voir Koulagna 2014, p. 115-118).

2. L'ethnostylistique

Elle est mise au point par le linguiste camerounais Gervais Mendo Ze, a pour objet de mettre en évidence le style particulier d'un texte «en se demandant si le contexte d'écriture impose à son fonctionnement certaines contraintes»[42]. Elle prend en compte les conditions de production et de réception des œuvres marquées par une irrigation culturelle caractéristique»[43].

Comme méthode d'analyse textuelle potentiellement applicable aux textes bibliques, l'ethnostylistique associe partiellement les approches historico-critique et structurale.

Au niveau historico-critique, le texte donne des indices (des ethnostylèmes) qu'il faut ensuite rapprocher du contexte géographique et historique pour les comprendre. Au niveau structural, l'étude des éléments d'ordre grammatical et

41 J. Robertson McQuilkin (1980), "Limits of Cultural Interpretation", in *JETS* 23/2, p. 113-124, spéc p. 115.
42 Mendo Ze, *Cahier d'un retour au pays natal: Aimé Césaire*, p. 28.
43 Ibid., p. 16.

stylistique permettrait de voir l'utilisation particulière que fait l'auteur de la langue dans son texte.

De ce point de vue, l'ethnostylistique ne représente pas une nouveauté au sens strict, mais permet de réconcilier deux approches qui, dans l'exégèse biblique, ont souvent semblé en conflit.

(Illustration pratique: Gn 12, 1-9 - voir Koulagna 2014, p. 120-124).

IV. Prémices herméneutiques: la compréhension

1. Comprendre, c'est quoi?

Les quatre voix ci-dessous nous permettront d'en avoir une idée.

Pour Joseph Vialatoux: comprendre, «c'est d'abord prendre, appréhender», saisir. *Com-prendre*, prendre avec, «c'est lier, rattacher» (comprendre un théorème, c'est le prendre avec les théorèmes antécédents qui lui servent de principe et dont il est la conséquence). Mais «c'est aussi prendre avec soi, faire sien, assimiler» (comprendre un théorème d'Euclide, c'est le redécouvrir soi-même comme Euclide. Comprendre, c'est enfin «être pris avec», c'est-à-dire se rendre, puisque la vérité comprise chasse l'erreur admise. C'est «se donner à la vérité qui se montre»[44].

44 J. Vialatoux (1954), *L'intention philosophique*, Paris, PUF, p. 15.

Pour Hans Georg Gadamer: comprendre un texte, c'est le comprendre comme une réponse à des questions. En fait, l'interprète est celui qui fait parler le texte en sachant poser des questions et en sachant s'effacer devant les réponses de ce dernier[45].

Pour Martin Heidegger: le lecteur qui entre dans le texte cherche en effet à y comprendre l'être, à s'y comprendre lui-même comme un être-là, comme un étant-dans-le-monde, en sorte que la compréhension devienne donc aussi une opération sur soi-même, comme il le souligne dans sa théorie du *Dasein* dans *Sein und Zeit* (*L'Être et le temps*, 1927). Pour Heidegger, être c'est comprendre, et comprendre c'est comprendre l'être-là, c'est se comprendre comme être-là, et le présupposé ontologique de la compréhension est l'ouverture fondamentale au monde.

Pour Paul Ricœur: l'activité herméneutique est une activité communautaire, l'appropriation communautaire de sens est aussi le lieu d'une lecture objective. Elle est donc contextuelle, à la fois objective et subjective. L'objectivité n'a pas d'existence sans la subjectivité. La Bible nomme Dieu et, l'herméneutique biblique, en tant qu'herméneutique théologique[46], allie forcément critique et conviction, rigueur et soumission. Le lecteur croyant, en acceptant ce fait, s'engage

45 H. G. Gadamer (1976), *Vérité et méthode*, p. 320.

46 Cf. G. Maier (2005), *Biblical Hermeneutics*, Wheaton, Crossway Books, spéc. p. 149-186.

dans une interaction féconde entre subjectivité et objectivité, entre autorité canonique et liberté de penser.

2. L'incarnation comme clef herméneutique

L'incarnation de la Parole est un exemple herméneutique inédit donné par Dieu lui-même. En prenant vie dans la personne de Jésus, Dieu prend place dans l'univers matériel et dans l'histoire et se donne à connaître. Il se fait objet herméneutique.

La conséquence herméneutique de l'incarnation de Dieu est que sa Parole, la Bible, est «connectée» à son milieu à tous les niveaux; elle s'incarne dans les situations historiques particulières des lecteurs et des auditeurs[47], individuels ou en communauté. La tâche herméneutique, par conséquent, consiste à entendre et à faire entendre cette parole de l'Écriture dans ces contextes variés, et ce en dépit de son éloignement historique. En tant que parole vivante de Dieu, le texte biblique résonne et interpelle le lecteur croyant et la communauté à laquelle il appartient, dans leur vécu quotidien, dans leur réalité propre.

L'incarnation de la Parole implique ainsi, par exemple, une interaction entre la Bible, la culture et les questions nouvelles des lecteurs, dans l'espace et dans le temps. C'est bien dans ces conditions qu'elle reste parole vivante qui nourrit notre foi et notre théologie et féconde notre soumission à cette Parole,

47 P. Enns (2005), *Inspiration and Incarnation: Evangelicals and the Problem of the Old Testament*, p. 20, 56.

pour résister à la fois aux fondamentalismes et aux interprétations lobbyistes des textes bibliques.

V. Bible, canon et théologie contextuelle

D'où l'intérêt de la théologie africaine (et des autres théologies «régionales» dans d'autres parties du monde, y compris en Occident) et de l'herméneutique identitaire.

Par exemple, l'herméneutique biblique africaine doit pouvoir répondre à la question posée par l'orientation et les choix sexuels (notamment l'homosexualité et le principe postmoderne du mariage pour tous). Elle doit pouvoir aussi apporter des réponses bibliques et pastorales appropriées face à une réalité qui déchaîne toute sorte de passions et entend s'imposer comme valeur universelle[48]. Elle doit pouvoir enfin s'affranchir des modes de pensée qui véhiculent encore des formes d'impérialisme et de domination culturelle et morale au nom de la mondialisation.

Les théologiens de la libération posent ainsi la question de ce rapport en lien avec celle du canon: comment Dieu peut-il parler face aux situations politiques nouvelles alors que la révélation biblique est close ? Clodovis Boff y répond en affirmant que la révélation est close certes, mais qu'elle ne l'est que comme canon, c'est-à-dire comme liste. Or la clôture du canon est une porte ouverte aux multiples possibilités

48 Cf. J. Koulagna (2015), *Église africaine et homosexualité*, Yaoundé, CLE.

de lecture des moments historiques successifs, car «de fait, le présent est tout entier dans les yeux de celui qui lit. Le présent n'est pas seulement ce qu'on lit, mais aussi ce par quoi on lit. Ce fait est la condition de possibilité de toute lecture et non pas son obstacle»[49].

Pour terminer avec cet élément, citons Engelbert Mveng lors du Congrès «Sur la Bible et l'Afrique noire» à Jérusalem en 1972:

Nous sommes le peuple des croyants d'Afrique, le peuple de la Bible, celui-là dont parle le prophète Isaïe et qui par-delà les fleuves de Kush apportera à Yahvé son offrande sur le Mont Sion, là où est adoré son Nom... Nous sommes venus apprendre l'Écriture Sainte, le message de la Bible, qui est notre message, parce que nous sommes le peuple de la Bible, parce que l'Afrique est la Terre de la Bible et que le second fleuve du Paradis s'appelle Géon et qu'il entoure le pays de Kush, c'est-à-dire l'Afrique Noire (...). Nous aussi, nous sommes les héritiers de la Bible et responsables de son message hier, aujourd'hui et demain[50].

VI. Décoloniser la lecture de la Bible sans ghettoïser

Il est donc devenu impératif que la faculté de théologie et l'Église s'écoutent mutuellement pour que l'Écriture reste

49 C. Boff (1990), *Théorie et pratique*, p. 238-240.

50 E. Mveng & R.J. Zwi Werblowsky (eds, 1973), *Black Africa and the Bible. L'Afrique noire et la Bible*, Actes du colloque de Jérusalem, du 24 au 30 avril 1972, Jérusalem, p. 10-11, cf. P. Poucouta (1998), «Engelbert Mveng: une lecture africaine de la Bible», in *Nouvelle revue théologique* 120/1, p. 33-34.

Parole vivante et actuelle pour les chrétiens africains, pour que ceux-ci soient en mesure de s'approprier l'Écriture.

La Parole de l'Écriture s'incarne dans le vécu des croyants et de leurs communautés en contexte. Pour y arriver, il est important, voire nécessaire, de dépasser l'exégèse missionnaire et coloniale.

Les méthodes développées en Occident (l'historico-critique notamment, surtout en ce qui concerne la critique des sources et traditions du Pentateuque) peuvent recevoir un nouveau souffle venant des cultures à tradition orale forte.

L'Ancien Testament parlant le langage africain, les sciences du langage, en l'occurrence l'ethnolinguistique, l'ethnostylistique et d'autres disciplines des sciences du langage (sémiostylistique) ou de l'anthropologie religieuse (comme l'anthropologie symbolique), peuvent permettre d'expérimenter des méthodes épistémologiquement éprouvées qui utilisent le langage de l'Afrique, et qui, en vertu de leur rigueur, pourraient s'imposer et s'exporter.

Il n'est cependant ni nécessaire ni souhaitable que, pour cultiver des méthodes d'approche africaines de l'Ancien Testament (et de toute la Bible), l'on se confine dans des raccourcis idéologiques qui enferment la recherche biblique africaine dans un ghetto et confortent les préjugés coloniaux.

Chapitre 10.
Appendice: de l'exégèse à la prédication

I. Quatre éléments fondamentaux

Qu'est-ce que prêcher? Laurent Gagnebin propose la réponse suivante: «Prêcher, c'est préparer sa prédication en ayant présents à l'esprit quatre verbes et en faisant quatre actes qui se complètent, s'enrichissent mutuellement (...). Prêcher, c'est ainsi: écouter, enseigner, proclamer, interpeller»[51].

1. L'écoute

C'est l'écoute de Dieu. Avant d'être orateur, le prédicateur est d'abord adorateur. Dans ce contexte, l'écoute de Dieu, «c'est aussi celle de sa parole à travers notre lecture de la Bible», dans une attitude de prière puisque seul Dieu peut faire qu'une parole humaine devienne parole divine. Mais l'écoute, c'est aussi celle des autres, de ceux à qui nous allons nous adresser, afin qu'ils puissent faire leur notre parole et se sentent concernés par elle, avec des mots qui leur soient familiers. Sur un plan pratique, il peut être utile, en préparant votre prédication, de penser à une personne. «Parler à une personne est le plus sûr moyen de parler à tous, non l'inverse».

---

51 L. Gagnebin (1996), «Qu'est-ce que prêcher?», in *La prédication*, p. 6-14.

Il y a forcément un dialogue, dans la prédication, non seulement entre le texte (parole de Dieu) et son lecteur (le prédicateur), mais aussi entre le prédicateur et son auditoire.

2. L'enseignement

Il y a toujours cette part de catéchèse dans notre prédication, mais il faut veiller à ce qu'elle ne prenne pas toute la place. Une prédication n'est ni une conférence savante, ni une étude biblique, encore moins un cours magistral d'université. «Il y a mille choses dont on ne parle jamais en chaire, et qu'il faut savoir», disait Alexandre Vinet.

Il faut donc faire le tri de toutes les connaissances qui nous sont fournies par notre propre lecture du texte et par les ouvrages savants (commentaires, dictionnaires et autres) que nous consultons au cours de notre préparation. Il est important que les auditeurs d'une prédication aient l'impression d'avoir appris quelque chose avec elle; mais il ne faut pas oublier qu'aller à l'église n'est pas aller à l'école.

3. La proclamation

Derrière le texte de la Bible il y a le Dieu de Jésus-Christ. Tout travail de la Bible entendue comme parole de Dieu nous fait passer du rationnel au relationnel, ce qui ne signifie pas qu'une approche croyante du texte soit nécessairement une lecture non scientifique. Le rationnel et la rigueur scientifique sont toujours là, au service du relationnel.

En abordant le texte biblique, quatre questions doivent

être posées: que dit le texte? Que veut dire le texte? Que veut nous dire le texte? Que veut me dire le texte? Si bien qu'en fin de compte, le prédicateur ne dit pas seulement ce qu'il sait, mais il dit aussi et surtout ce qu'il croit; il dit et partage sa foi. Prêcher, c'est donc aussi confesser et proclamer sa foi. C'est répond, non pas seulement à la question: «Qui suis-je au dire des gens?» mais aussi et surtout à la question suivante: «Qui suis-je pour vous?»

4. L'interpellation

«Écouter, c'est obéir. Croire, c'est agir. L'interpellation homilétique nous rappelle sans cesse que l'action éthique, sociale, politique, n'est pas étrangère à l'univers biblique et que le Dieu de l'incarnation, de Jésus-Christ, doit régner sur notre vie tout entière». L'interpellation, c'est l'interpellation à changer, à se convertir, mais c'est aussi de prier pour que le règne de Dieu vienne. Mais attention, il ne s'agit pas d'une accumulation d'impératifs traumatisants qui activent le levier de la peur de l'enfer: «Faites ceci», «Ne faites pas cela». Dieu donne ce qu'il ordonne, et sa grâce est d'abord et toujours promesse libératrice. C'est là l'Évangile, la bonne nouvelle.

II. Une démarche en trois temps

1. Le temps de l'Exégèse

Reprenons simplement, en guise de révision, ce que nous avons dit au début du présent ouvrage (cf. chapitre 1).

L'exégèse, c'est l'explication. Il s'agit de chercher ce que dit (ou veut dire) un texte. C'est la phase de l'étude du texte. C'est la recherche du sens. Celui-ci se fait, nous l'avons vu, au moyen d'un certain nombre d'outils méthodologiques:

- Méthodes historiques: Ici, on met à contribution des éléments du contexte social, religieux, politique, etc. si on peut les avoir et s'ils sont susceptibles d'apporter des informations pour comprendre le texte. Savoir par exemple qui est l'auteur (réel ou moral), qui sont les destinataires (réels ou moraux); le texte répond-il à un souci particulier? Y a-t-il un objectif affiché ou implicite? Comment le texte répond-il à ce souci et atteint-il son objectif?
- Méthodes littéraires: on met à contribution les éléments littéraires présents dans le texte: qu'est-ce qui vient avant et/ou après le texte? Ce qui vient avant et/ou après le texte aide-t-il à comprendre le texte? Y a-t-il des mots qui reviennent plusieurs fois? Y a-t-il des termes qui, en grec ou en hébreu, ont une portée qui éclaire davantage le texte? Comment le texte est-il construit? Comment le texte dit-il ce qu'il dit? etc.

Il est important de se rappeler ceci:

- On peut privilégier les méthodes historiques ou les méthodes littéraires. Mais dans bien des cas, il peut être utile de faire appel aux deux à la fois. Il n'est donc pas question de faire un choix arbitraire.

- Il n'est pas question de faire une fausse technicité: inutile de s'embrouiller sur la critique textuelle si cela ne va rien apporter. L'enjeu, c'est de s'assurer que l'on a compris le texte comme ont pu le comprendre ceux à qui il était initialement destiné. Il ne vaut pas la peine de bombarder vos auditeurs avec des termes hébreux ou grecs s'ils n'apportent rien à la compréhension du texte. Cela, loin de vous faire apparaître savant comme vous l'auriez peut-être souhaité, risque de vous rendre plutôt ridicule. Sachez que vous n'impressionnerez personne, pas même les ignorants.

2. Le temps de l'Herméneutique

C'est la recherche de la signification ou, si vous préférez, du sens actuel. Dans l'exégèse on a recherché le sens historique du texte (ce que ses premiers destinataires ont pu comprendre, ce que le texte voulait leur dire). En herméneutique, je me demande en quoi ce texte, qui ne m'était pas destiné, qui était écrit quand nous n'étions pas là et qui ne l'était pas pour nous, me parle ou parle à ma communauté, à mon Église. Quels sont les problèmes qui se posaient aux auditeurs directs de Jésus ou d'un prophète, à la communauté des premiers lecteurs, et qui sont encore les mêmes pour moi ou pour ma communauté? Comment le texte répond-il (ou ne répond-il pas) à des questions nouvelles qui se posent aujourd'hui et qui n'existaient pas ou ne se posaient pas de la même manière à l'époque du texte?

C'est la phase de l'écoute et de la méditation du texte. Le texte que je lis étant Parole de Dieu, que me dit cette parole? En quoi nous interpelle-t-elle, moi d'abord, ma communauté ensuite?

En contexte herméneutique, le lecteur, qui dans notre cas est un lecteur croyant, un lecteur engagé, est amené à faire un peu silence devant Dieu et à le laisser lui parler, mais aussi à poser des questions pertinentes au texte en relation avec sa situation présente. De ce point de vue, le même texte ne me parlera pas exactement de la même manière aujourd'hui dans une situation A que demain dans une situation B. Le même texte ne parlera pas à un lecteur C dans un milieu et un contexte donnés qu'à un lecteur D dans un autre milieu et un autre contexte donnés. C'est pour cela que nous disons que cette Parole de Dieu est vivante. C'est pour cela que s'arrêter à l'exégèse ne suffit pas; il faut faire *le saut herméneutique.*

3. Le temps de la Prédication

C'est souvent le but de notre lecture de la Bible comme pasteurs et prédicateurs. Nous partons de l'exégèse (approche scientifique et objective du texte) à l'herméneutique (approche méditative et subjective du texte) pour arriver à la prédication, c'est-à-dire à la proclamation.

À l'issue de l'exégèse et de l'herméneutique, un ou (le plus souvent) plusieurs messages ont pu émerger du texte. Il est mieux de se focaliser sur un message; ça permet de se concentrer dessus et de faire en sorte que tout le monde ait partagé plus ou moins la même chose.

Il faut donc définir un message, celui que vous allez délivrer et partager, ainsi que la manière dont vous allez dire ce message. Une seule idée, un seul et unique message. Ça peut être la clef la plus importante pour prêcher[52]. Une fois le message choisi, il doit être travaillé. La prédication est un exercice de communication. Le mauvais message, dans ce sens, n'est pas forcément le message hérétique ou théologiquement faux. Le mauvais message, c'est avant tout celui qui ne se communique pas, qui ne passe pas, quelles que soient par ailleurs ses qualités exégétiques ou théologiques.

La prédication est l'aboutissement communautaire d'une démarche individuelle qui a commencé dans votre bureau. Elle doit enseigner, proclamer, interpeller.

III. Quelques conseils... [53]

«Se contraindre pour être libre». Il y a des gens qui sont doués pour tenir leur public en haleine dans un long discours improvisé et sans support écrit. Mais la plupart d'entre nous n'avons pas ce don. Et même pour ceux qui prétendent l'avoir, cela ne dure pas toujours longtemps, et le résultat sur la durée peut vite devenir discutable. Il devient en effet souvent du bavardage et du bruit, et le public finit par s'en lasser.

52 L. Schlumberger (1996), «Les trois temps de la prédication», in *La prédication*, p. 33.
53 Ibid., p. 34-35.

Une fois le message défini, imposez-vous un plan. Ce plan doit être logique, simple, et surtout correspondre au message que vous envisagez de délivrer.

Cela sous-entend que vous allez rédiger votre prédication, ne serait-ce que sous la forme de notes destinées à aider et à soutenir votre mémoire. C'est une question de discipline personnelle, de sérieux et même de respect vis-à-vis de vos auditeurs. Ça vous évite les baisses de forme ou les distractions dues à du bruit dans l'assemblée ou à d'autres facteurs indépendants de vous.

Mais écrivez, non pour lire, mais pour mieux dire. Écrivez donc au service d'une parole orale, en choisissant des mots simples, un style vivant, en prévoyant des gestes, des images…

IV. Atelier 1: étude de Marc 1, 29-39

Texte

29 En sortant de la synagogue, ils se rendirent avec Jacques et Jean à la maison de Simon et d'André.

30 La belle-mère de Simon était couchée, ayant la fièvre; et aussitôt on parla d'elle à Jésus.

31 S'étant approché, il la fit lever en lui prenant la main, et à l'instant la fièvre la quitta. Puis elle les servit.

32 Le soir, après le coucher du soleil, on lui amena tous les malades et les démoniaques.

33 Et toute la ville était rassemblée devant sa porte.

34 Il guérit beaucoup de gens qui avaient diverses maladies;

il chassa aussi beaucoup de démons, et il ne permettait pas aux démons de parler, parce qu'ils le connaissaient.

35 Vers le matin, pendant qu'il faisait encore très sombre, il se leva, et sortit pour aller dans un lieu désert, où il pria.

36 Simon et ceux qui étaient avec lui se mirent à sa recherche;

37 et, quand ils l'eurent trouvé, ils lui dirent: «Tous te cherchent».

38 Il leur répondit: «Allons ailleurs, dans les bourgades voisines, afin que j'y prêche aussi; car c'est pour cela que je suis sorti».

39 Et il alla prêcher dans les synagogues, par toute la Galilée, et il chassa les démons.

1. Premières réactions, premières questions

- De la synagogue à un domicile familial, entre la vie publique et la vie privée, y a-t-il une distance pour Jésus?

- Après le coucher du soleil, vers le matin, pendant qu'il faisait encore nuit... Quelle est l'importance de ces évocations temporelles?

- Les motifs de recherche et d'esquive: des gens cherchent Jésus (v. 36-37) et le trouvent, mais lui, veut aller ailleurs (v. 38). Que faut-il comprendre?

- La guérison des malades qui parcourt l'ensemble du récit et la chasse aux démons qui semble occuper beaucoup de place: est-ce de la diaconie ou une foire thaumaturgique?

2. Contexte, les données de l'espace et du temps

Jésus sort de la synagogue avec ses disciples, sans doute après une célébration, comme nous sortons du culte le dimanche. Il se rend au domicile de Simon Pierre, peut-être pour s'y reposer et s'y restaurer un peu, peut-être parce qu'il a appris que la belle-mère de Pierre est souffrante et veut lui rendre visite, comme le font les diacres avec les malades au sortir du culte?

> Mais pour quel intérêt l'évangéliste raconte-t-il ces détails? Juste pour offrir un cadre aux actions de Jésus? Comment les premiers lecteurs de Marc ont-ils pu comprendre l'évocation de ces détails privés? (pour le savoir, il peut être utile d'explorer la communauté de Marc et son contexte).

Du soir au petit matin: une nuit entière d'activités. Y a-t-il un lien probable avec le secret messianique? Jésus exerce de nuit, comme un clandestin, et enjoint régulièrement à ses proches de ne rien dire de son identité et de ses actes de force. Que cache-t-il?

> Mais c'est peut-être aussi le moment plus tranquille, ou plutôt le moment d'activité et d'agitation des puissances du mal (les démons), donc le moment propice pour les combattre et leur imposer silence…? Cela reste cependant un peu spéculatif.

Le lieu: la Galilée. C'est le lieu de l'enfance de Jésus, mais aussi le lieu de la plupart des mouvements messianiques, nationalistes (cf. Simon le zélote, Barabbas, etc.) ou spirituels et pacifiques (cf. le mouvement de Jésus lui-même). Mais c'est aussi lieu des paradoxes: au mélange des cultures caractéristique de la région et cause du mépris des Judéens répond une effervescence religieuse (en particulier dans la zone de Tibériade). Et la place des miracles et des mouvements extrémistes dans cette spiritualité: est-ce un héritage prophétique venu de l'histoire monarchique du nord?

3. Des mots... pour mieux comprendre

La belle-mère de Pierre: «elle était couchée (*katakeimai*) ... il la fit lever (*egeirô*)».

L'expression «être couché» est souvent utilisée en contexte de maladie et de sommeil, mais aussi pour exprimer une attitude de paresse; «se coucher», dans le vocabulaire de l'Ancien Testament peut signifier «mourir». Dans tous les cas, elle exprime une position d'inactivité.

Comme telle, elle s'oppose à «se réveiller» ou «être réveillé». L'emploi du verbe *egeirô* ici fait penser que son opposé κατάκειμαι a le sens de «dormir», voire de «mourir». En «réveillant» la belle-mère de Pierre, Jésus la fait passer d'un statut d'inactivité, de passivité, de dépendance, à un statut d'activité et de service (cf. v. 30: elle se met à les servir).

Mais on peut aussi penser symboliquement à une préfiguration de la mort (si «se coucher» peut avoir ce sens) et de la résurrection de Jésus lui-même. Alors, s'agit-il d'un acte diaconal, d'un acte symbolique ou d'un acte prophétique?

v. 32. Des gens qui ne se sentaient pas bien (les malades) et les démoniaques.

Notez la tournure très courante dans les évangiles: «les ayant mal» pour désigner les malades. Un terme équivalent est: «les affaiblis» (cf. Lc 4, 40) – Y a-t-il une nuance sémantique?

Les démons: que signifie le mot? Dans le grec classique, le mot démon désigne une divinité (lat. *numen*) ou opération divine, une fatalité. Mais le terme désigne aussi des divinités inférieures (Platon, Xénophon); dans le Nouveau Testament, il désigne de mauvais esprits.

Le mot «démon» fait penser à une force/puissance supérieure à l'individu et contre laquelle celle-ci ne peut rien ou pense ne rien pouvoir. Il renvoie donc à ce qui entrave l'épanouissement de la personne. Et comme divinité inférieure, le démon est vu comme un esprit malfaisant.

Jésus qui chasse les démons (remarquez que le texte y revient à plusieurs reprises) représente donc l'irruption du règne de Dieu qui met fin à celui des tyrans: il ne leur permettait pas de parler. La prédication de Jésus est l'annonce du règne de Dieu, et celui-ci est associé à des actes de force (guérison des malades, expulsion des démons qui symbolisent les forces d'asservissement, donc libération des captifs, cf. sermon programme de Jésus en Luc 4). Les actes de force (*dunamis* = miracles), Jean les appellera des signes.

Il s'en va dans un lieu désert. Jésus passe de la maison familiale devenue hôpital public à un lieu *a priori* ouvert (le désert), mais qui devient un lieu de retraite, donc fermé. L'image du désert comme lieu de retraite et de méditation est assez connue dans l'Ancien Testament (cf. récit de la tentation de Jésus en Matthieu 4 et Luc 4).

Il y a comme un jeu entre la vie publique et le moment de retrait pour se ressourcer auprès de Dieu, parce que Jésus ne travaille pour lui-même, il travaille pour son Père. Mais le moment de retrait, c'est aussi le moment de réorientation et d'élargissement de la mission. Il faut partir d'ici pour prêcher aussi à d'autres; ne pas s'éterniser à une même place, là où le confort est assuré, là où la mission semble mieux réussir; il faut aller plus loin, aller aussi ailleurs. La mission est associée au mouvement: «Allez» litt. «en allant...» (Mt 28, 18).

- Etc.

4. Des enjeux théologiques...

Y a-t-il une théologie centrale ou y a-t-il des éléments variés mis ensemble?

- L'amour de Dieu et le miracle pour servir. Chez Marc, l'annonce de l'Évangile, c'est l'annonce du règne de Dieu, un règne d'amour, lequel se manifeste par les miracles. Mais l'enjeu n'est pas de présenter Jésus comme un thaumaturge, c'est-à-dire un faiseur de miracles. Le miracle n'est pas fait pour impressionner, mais pour témoigner du service de Dieu et appeler au service.

- Le règne de Dieu qui en chasse un autre, le règne de Dieu qui libère de toutes les dominations. Les démons représentent ces dominations, ce qui empêche les hommes d'être hommes, c'est-à-dire d'être libres, de disposer de leur esprit de jugement. L'essentiel ici n'est donc pas une vision du monde opposant un Dieu bon et des divinités mauvaises comme dans le gnosticisme ou le manichéisme, mais bien le pouvoir de Jésus au service de la liberté de conscience.

- Le temps de la mission: après le culte, le soir, le matin… et le lieu de la mission: à la maison, dans la cour, dans un lieu désert, ailleurs… Il n'y a finalement pas de limite ni en termes de temps ni en termes de lieu. Même les moments d'intimité et de retraite peuvent devenir des moments de la mission pour le royaume.

- Et Jésus qui semble s'enfuir, se cacher? Que faut-il comprendre des notions de «chercher Dieu» et de «le trouver». Pourquoi Dieu semblerait-il vouloir se cacher et pourquoi le cherche-t-on? Serait-ce un test de la relation?

- Etc.

5. Et des pistes de prédication: quel message?

- «En sortant de la synagogue». La mission/le témoignage en-dehors de l'Église. L'emploi du temps du disciple semble être indiqué: se ressourcer le dimanche (à l'église) pour sortir à la rencontre des hommes dans les maisons, dans la rue…

- «Il chassait les démons», «il ne permettait pas aux démons de parler». Votre message pourrait porter sur la lutte contre les forces de domination et d'avilissement et sur la libération qui commence par celle de la conscience.

- La guérison des malades, le soulagement de ceux qui souffrent (les ayant mal). L'évangile est aussi de présenter Jésus aux côtés de ceux qui souffrent, qui sont malades de quelque chose. De quoi a-t-on mal? Qu'est-ce qui fait souffrir? Cela pourrait interpeller compassion, soulagement et accompagnement: la mission diaconale.

- Etc.

6. Les instruments à utiliser

Tout ce travail demande une formation et une documentation appropriée. Formations sur le tas, séminaires, formations dans une école, etc.

Pour la documentation:

- Normalement une bibliothèque spécialisée contenant des bibles dans les langues originales (hébreu ou grec), des ouvrages d'histoire d'Israël ou de l'Église primitive, des dictionnaires et grammaires de ces langues, des index et concordances, des commentaires, etc.

- Mais il est difficile souvent d'avoir tout cela, et même si on en a, on ne peut pas les transporter partout en cas de besoin.

- Une solution est donc celle des bibles d'étude, qui contiennent souvent, à côté du texte, des introductions, des tableaux chronologiques ou synoptiques, des index et/ou concordances, des notes explicatives, etc., et offrent des passages parallèles. C'est en général toute une bibliothèque en un volume ! On peut citer entre autres la TOB (traduction œcuménique) et la Bible de Jérusalem intégrales, la bible du Semeur, la Bible d'Étude Africaine, la Nouvelle Bible Segond, etc.

Au terme de tout ce travail, nous restons humblement les serviteurs de la Parole, dont la mission est de transmettre, simplement, l'Évangile du Dieu qui, en Christ, aime l'ensemble de sa création et fait tout pour elle, en sachant que c'est l'Esprit saint qui le féconde en nous et chez les auditeurs. Toute érudition exégétique sur la Bible qui ne débouche pas sur ce saut herméneutique méditatif et de transformation devrait encore s'interroger sur sa propre pertinence.

V. Atelier 2: étude du Psaume 8

L'approche utilisée ici est celle de la revue suisse *Lire et dire*, qui fait un usage sobre et adapté des approches diachroniques et synchroniques, directement orientées vers les besoins de la prédication.

Texte (TOB):

1 Du chef de chœur, sur la guittith. Psaume de David.

2 SEIGNEUR, notre Seigneur, Que ton nom est magnifique par toute la terre ! Mieux que les cieux, elle chante ta splendeur !

3 Par la bouche des tout-petits et des nourrissons, tu as fondé une forteresse contre tes adversaires, pour réduire au silence l'ennemi revanchard.

4 Quand je vois tes cieux, œuvre de tes doigts, la lune et les étoiles que tu as fixées,
5 qu'est donc l'homme pour que tu penses à lui, l'être humain pour que tu t'en soucies?
6 Tu en as presque fait un dieu: tu le couronnes de gloire et d'éclat;
7 tu le fais régner sur les œuvres de tes mains; tu as tout mis sous ses pieds:
8 tout bétail, gros ou petit, et même les bêtes sauvages,
9 les oiseaux du ciel, les poissons de la mer, tout ce qui court les sentiers des mers.
10 SEIGNEUR, notre Seigneur, que ton nom est magnifique par toute la terre !

1. Premières réactions

Deux contrastes remarquables: 1) Presque rien mais presque dieu 2) Des nourrissons qui clouent le bec aux contestataires (supposés grands). Que peut signifier tout cela?

La raison du plus faible serait-elle devenue la meilleure?

«Tu l'as fait de peu inférieur à des dieux»: n'est-ce pas l'accomplissement de la promesse du serpent: «vous serez comme des dieux»?

2. Lecture du texte

Quelques indications pour la lecture:

אֲשֶׁר תְּנָה - cette construction est difficile à traduire, à cause de תְּנָה qui est à l'impératif (sous une forme aramaïsante - cf. Tournay, in *Revue Biblique* 1959, p. 112) et n'a pas de sens dans ce cas: on ne sait quel est l'antécédent de אֲשֶׁר. La

Septante a remplacé אֲשֶׁר (que, qui) par ὅτι (hébreu כִּי = car), sans doute pour rendre la phrase plus fluide. Il en est à peu près de même dans le Targum et la Vulgate. Tournay suggère de rattacher la fin du verset au refrain et de considérer le nom du Seigneur comme l'antécédent; ce qui donne la traduction: «Qu'il est puissant ton nom… qui redit ta majesté supraterrestre». Pour Alphonse Maillot et André Lelièvre, il faut faire de la terre l'antécédent (en considérant alors que ארץ est masculin); c'est la terre qui redit la splendeur de Dieu. Mais ces traductions ne résolvent pas le problème de l'impératif qui est tout simplement escamoté.

עוֹלְלִים וְיֹנְקִים - les enfants et les nourrissons. Cette association inhabituelle semble avoir pour but seulement d'insister sur le contraste des tout petits et des vindicatifs, ces derniers étant alors considérés comme des gens puissants. Une version parle d'«ennemis implacables».

וַתְּחַסְּרֵהוּ - litt. «tu lui as fait manquer». Le verbe חסר signifie manquer de quelque chose, avoir besoin de, décroître. L'emploi de ce mot fait penser à l'épisode de la chute en Genèse 3, quand le serpent promettait aux humains de devenir des dieux en mangeant le fruit défendu, rêve manqué.

3. Le texte dans son contexte

Les psaumes étant des chants populaires, il est toujours quelque peu difficile de déterminer avec précision le contexte de leur composition, à l'exception peut-être des psaumes tels que le Psaume 51 qui est rattaché à un épisode de la vie de David. Le Psaume 8 est attribué à David. Ce qui nous renvoie à l'époque de la monarchie. Mais son contenu le fait considérer comme «un commentaire poétique des deux premiers chapitres de la Genèse» (Maillot & Lelièvre, p. 53). Considéré ainsi, il pourrait provenir d'une époque plus tardive, notamment après la mise en forme finale de ces deux chapitres de Genèse, soit après l'exil. Mais le contexte historique du texte n'a pas d'incidence majeure sur son interprétation.

Ce psaume est précédé d'une complainte (Psaume 7) et suivi d'un psaume de reconnaissance (Psaume 9). Nous ne savons pas si son placement entre les deux correspond à un dessein précis. Il n'y a pas, en tout cas, de lien organique visible entre les trois psaumes. Il vaut donc mieux le considérer comme autonome.

4. Éléments formels: Structure d'ensemble

- Le v. 1 fonctionne comme un titre;

- Les v. 2 et 10 encadrent, dans une sorte d'inclusion, le reste du psaume comme un refrain;

- Le v. 3 constitue une affirmation générale qui ressemble à un *outsider*, mais reste lié au refrain du v. 2, en considérant que l'antécédent de אֲשֶׁר est הארץ;

- Les vv 4-9 célèbrent la grandeur de l'homme au milieu de la création.

- Les v. 4-9 fonctionnent chacun sur le principe de parallélisme caractéristique de la poésie sémitique, biblique en particulier.

5. Commentaire

v. 1. Le psaume est attribué à David. L'expression עַל־הַגִּתִּית, de signification incertaine, pourrait soit désigner un instrument de musique de la ville de Gath (cf. 2 S 15, 18), soit indiquer qu'il s'agit d'un chant de récolte et de pressoir de raisins (cf. Septante, Vulgate). Dans tous les cas, il annonce un chant de contemplation, peut-être sur un air méditatif.

v. 2, 10. «Seigneur, notre Seigneur, que ton nom est magnifique sur [litt. *dans*] toute la terre». Ce refrain encadre l'ensemble de l'hymne. Comme toutes les autres (Psaumes 19, 33, 100, 103, etc.), cette hymne[54] célèbre le Dieu de l'alliance qui, ici, est aussi le Dieu de la création. Elle chante sa foi au Dieu unique, tout-puissant, maître de l'histoire... L'association du tétragramme יהוה et de אדני souligne à la fois la dimension relationnelle de Dieu (évocation de l'alliance) qui agit en lien avec les humains (יהוה renvoie à «je serai qui je serai» – Ex 3, 14) et la dimension de sa royauté et de sa toute-puissance (אדן vient d'une racine dont le sens est «gouverner»). À ce titre, son nom est puissant ou magnifique (אדיר) sur toute la terre. La terre

54 Le mot «hymne» est masculin ou féminin. Habituellement, il est au féminin quand il est employé dans un contexte religieux.

entière reconnaît et magnifie ce nom et, mieux que les cieux, exalte la majesté de Dieu[55] (v. 2).

v. 3. Dieu qui, par la bouche des tout petits, impose silence à l'ennemi et au vindicatif ou, selon une version, à d'implacables ennemis. Le contraste est saisissant, mais nous ne savons à quoi il renvoie exactement. Quels sont ces ennemis et ces enfants? Peut-être le psalmiste a-t-il vu un enfant imposer silence à un ennemi arrogant par sa seule foi? L'on pourrait penser à l'histoire de David et Goliath en 1 Samuel 17, mais rien n'est moins sûr. Quoi qu'il en soit, en tant que chrétiens, ce contraste nous fait penser à ce témoignage de Paul en 2 Co 12, 9 qui rapporte la réponse de Dieu à une de ses prières: «Ma puissance s'accomplit dans la faiblesse».

v. 4-9. Ce paradoxe en annonce un autre: l'homme qui n'est rien, mais à qui Dieu a donné pouvoir et autorité sur une création bien plus imposante que lui, peut-être en vertu de sa ressemblance au créateur (cf. Gn 1, 26).

«Tu l'as fait de peu inférieur à Dieu (ou *aux dieux*)». Le texte hébreu dit: «Tu lui as fait manqué de peu d'être Dieu». Cette tournure souligne à la fois la grandeur de l'être humain (qui est ainsi rendu gestionnaire de la création) et sa place en tant que créature. Remarquez le malaise des traducteurs de la Septante qui préfèrent le comparer aux anges, peut-être pour

55 Nous considérons alors ארץ comme l'antécédent de אשר, ce qui est plus logique, étant donné que le nom de Dieu désigne dans bien des cas Dieu lui-même. Dieu exaltant sa propre majesté apparaîtrait curieux dans un contexte cultuel comme celui-ci.

atténuer ce rapprochement hardi. Le judaïsme postexilique ne tolère pas un tel rapprochement de l'humain avec Dieu. Presque aussi grand qu'un dieu, l'homme n'en a pas moins été fait par Dieu et compte parmi les créatures de celui-ci. Cela en rajoute à la magnificence de Dieu.

«Tu l'as fait régner» (תַּמְשִׁילֵהוּ). Remarquez que le verbe utilisé ici est משל (administrer, conduire, mais aussi comparer) et pas מלך. La place de l'humain dans la création est celle d'un administrateur, pas celle d'un roi. Le roi de la création, c'est Dieu lui-même devant qui l'humain est responsable. L'origine de son autorité est Dieu qui le fait régner et qui met tout sous ses pieds. Autrement il n'aurait pu en arriver là. Un tel pouvoir donné montre davantage la grandeur du nom de Dieu qui doit être reconnu par toute la terre (v. 10).

6. Enjeux théologiques

a) *La terre est mieux placée pour louer Dieu,* parce que c'est là que ses œuvres sont plus manifestes, à cause de la vie. Les cieux, la lune et les étoiles, œuvres de Dieu, restent des objets. Mais la terre, elle, grouille de vie: bétail, bêtes sauvages, oiseaux, poissons, gros et petits reptiles, etc. L'hymne à la création se trouve donc être un hymne à la vie.

b) *Une responsabilité écologique.* C'est sur le vivant que Dieu a établi l'homme pour qu'il en soit l'administrateur, un administrateur responsable. L'homme n'a pas créé: tout est œuvre des doigts ou des mains de Dieu, aussi bien les cieux et leurs composants que la terre et ses composants (v. 4, 7). La prospérité et la dégradation de l'environnement relèvent donc essentiellement de la responsabilité de l'homme, de la manière dont il l'administre. C'est en cela qu'il est aussi presque un dieu.

c) *L'homme reste à sa place.* Le fait que l'homme soit placé au-dessus de tout ce qui est vivant ne fait pas de lui un dieu comme l'avait promis le serpent dans le récit de Genèse 3. Il reste une créature soumise à Dieu. La demi-vérité du serpent se révèle être le plus insidieux des mensonges. C'est Dieu qui a fait l'homme, et il l'a fait manquer le statut de dieu. En exaltant sa grandeur, le psalmiste rappelle aussi fermement à l'homme sa vraie place.

d) Etc.

7. Entendre ce texte aujourd'hui

a) «*Seigneur notre Seigneur*». Dans quelle mesure et comment cette invocation est-elle entendue aujourd'hui? Le monde est-il encore disposé à reconnaître et à accepter la seigneurie de Dieu quand les progrès des sciences et techniques ont repoussé les limites de la puissance humaine, quand l'homme a tout sous ses pieds? Nietzche n'avait-il proclamé la mort de Dieu et le règne du surhomme? N'avait-il pas affirmé que la religion et ses corollaires (Dieu, la foi) fussent affaire de faibles, de sous-hommes? La critique marxiste de la religion a repris cette théorie. Mais l'immensité et la complexité de l'univers que nous comprenons de mieux en mieux, mais dont l'essentiel reste encore un mystère, la force des éléments de la nature, le renouvellement de la vie, etc. constituent encore et toujours plus des signes de la présence et de la royauté de Dieu sur l'univers. Que cette présence et cette royauté soient reconnues ou pas n'y change rien.

b) *Des enfants qui en imposent aux puissants, la puissance de Dieu qui s'accomplit dans la faiblesse.* Nous connaissons l'adage d'après lequel «la raison du plus fort est toujours la meilleure» (La Fontaine). La jungle du monde nous a appris que c'est le plus fort qui impose normalement sa raison au plus faible. On l'a vu dans l'histoire des impérialismes et des dominations depuis l'antiquité jusqu'à nos jours. On le voit dans la relation entre les puissances de l'hémisphère nord et les pays du sud, aussi bien au plan politique et économique qu'au plan culturel. La mondialisation n'est autre chose que la vulgarisation de ce fait. Mais cette histoire nous a aussi montré que Dieu a parfois utilisé les plus petits et les plus faibles, avec les moyens qui sont les leurs, pour opérer des changements. Le martyre et la résistance silencieuse des chrétiens des premiers siècles ont eu raison de la puissance des persécuteurs; les sit-in déclenchés par une femme noire américaine et portés par le pasteur baptiste Martin Luther King ont triomphé de la puissance raciste blanche en Amérique du nord; la résistance passive et non violente de Gandhi a vaincu la puissance coloniale britannique. Et la lutte des faibles Noirs contre le régime de l'apartheid en Afrique du sud, etc. Des tout petits qui en imposent aux grands, ce n'est pas qu'une affaire d'incapables résignés. C'est une vérité théologique et historique à la fois.

c) *Accepter que l'être humain soit faible*, en dépit de la force de son intelligence prodigieuse et de sa technologie. Les progrès des sciences biomédicales ont repoussé l'espérance de vie, mais la fin de vie, on n'y échappe pas. Ce n'est qu'un sursis. La maîtrise de l'espace permet à l'homme de défier les contraintes liées à cet espace (je peux quitter d'un point à un autre en quelques minutes, en quelques heures, grâce aux moyens de transport les plus sophistiqués; je peux communiquer et être informé en temps réel des choses qui se passent à l'autre bout du monde grâce à la télécommunication, etc.). Et cependant, l'homme demeure fragile et incapable de tout prévoir, de tout contrôler. Il reste dépendant de Dieu qui dispose de tout. Il dépend de ce pain quotidien que Dieu lui donne. Qu'il l'admette ou pas n'y change rien.

d) *En un siècle, l'homme a changé l'équilibre écologique du monde.* De nombreuses espèces animales ont disparu ou sont menacés de disparition, sous l'effet de la chasse ou de l'envahissement de leur habitat naturel. Des forêts entières sont en train de disparaître du fait de leur surexploitation qui ne s'accompagne pas toujours d'un plan de renouvellement. La domination de l'homme sur le vivant s'est manifestée comme une force de destruction. Mais ce psaume renvoie au récit de la création en Genèse

2 dans lequel nous apprenons que Dieu a placé l'homme dans le jardin pour qu'il le cultive et en prenne soin. La lecture en vert a plus de justesse dans le monde de surconsommation qu'est le nôtre. Plus qu'un slogan politique, c'est un impératif éthique et de foi.

e) Etc.

8. Pistes pour la prédication

a) Apprendre à être à sa place. Les progrès des sciences et techniques, l'évolution de la pensée rationnelle et les inventions ainsi que les développements socio-économiques qu'ils engendrent démontrent avec éclat la puissance de l'humain. Devenu de plus en plus puissant, celui-ci est tenté d'évacuer Dieu de son espace ou de prendre sa place. Le psaume rappelle qu'en dépit de toute sa puissance, il reste une partie de la création de Dieu à qui il reste soumis et dont il reçoit son mandat.

b) Pas besoin d'être grand pour réaliser de grandes choses pour Dieu. Les enfants et les nourrissons, entre les mains de Dieu, deviennent des agents de grandes victoires. Il ne faut donc pas des conditions particulières pour être au service du Seigneur; chacun, à son niveau, peut réaliser quelque chose, faire changer une situation. Le plus important, c'est d'être disponible et d'oser en comptant sur la force de Dieu, par la foi.

c) Tout-puissant ou tout attentif. Le pouvoir que l'humain reçoit de Dieu sur l'ensemble de la création, en particulier des êtres vivants de la terre, est avant tout un mandat. Comme tel, il est une responsabilité de gestion, qui implique un devoir de compte-rendu. Le prédicateur peut par exemple attirer l'attention sur la surexploitation des ressources naturelles et la destruction de l'environnement, avec les conséquences qui en résultent pour la survie et l'équilibre de l'écosystème.

d) Etc.

Indications bibliographiques

Cette bibliographie est sélective et ne reprend que les articles et ouvrages touchant à l'essentiel de l'objet de cet ouvrage, à savoir une exégèse en vue de la méditation et de la proclamation. Aussi certains articles et ouvrages mentionnés en notes de bas de page ne sont-ils pas repris ici.

- **Barr J.**, *Comparative Philology of the Text of the Old Testament: With Additions and Corrections*, Eisenbrauns, 1987
- **Barthes R.**, *Le plaisir du texte*, Paris, Seuil, 1973
- **Bauks M. et Nihan Ch. (éds)**, *Manuel d'Exégèse de l'Ancien Testament*, Genève, Labor & Fides, 2008
- **Boff C.**, *Théorie et pratique: La méthode des théologies de la libération.* Texte révisé par Noël M. Rath (coll. Cogitatio fidei, 157). Paris, Cerf, 1990
- **Bulkeley T.**, «Répétition», cours, en ligne sous licence de Creative Commons, 2003-2004.
- **Église Réformée de France**, *La prédication*, Paris, Édifier et former, 1996
- **Enns P.**, *Inspiration and Incarnation: Evangelicals and the Problem of the Old Testament: evangelicals and the problem of the Old Testament*, Grand Rapids, Baker Academic, 2005
- **Gadamer H.G.**, *Vérité et méthode*, Paris, Seuil, 1976
- **Gagnebin L.**, «Qu'est-ce que prêcher?», in *La prédication*, Paris, Édifier et former, 1996, p. 6-14

- **Harrington W.**, *Nouvelle introduction à la Bible*, Paris, Seuil, 1971
- **Houdart-Merot**, V. «L'intertextualité comme clé d'écriture littéraire», in *Cairn info*, revue en ligne sur https://www.cairn.info/revue-le-francais-aujourd-hui-2006-2-page-25.htm, 2006, consulté en octobre 2015.
- **Joosten J.**, «La critique textuelle», in M. Bauks et Ch. Nihan (éds), *Manuel d'Exégèse de l'Ancien Testament*, Genève, Labor & Fides, 2008
- **Koulagna J.**, *Dire l'histoire dans la bible hébraïque: perspectives exégétiques et herméneutiques*, Stavanger, Misjonshøgskolens forlag, 2010

- **Koulagna J.**, *Exégèse et herméneutique en contexte: réflexions méthodologiques*, Yaoundé, Dinimber & Larimber, 2014
- **Koulagna J.**, *L'Ancien Testament, pour commencer*, Stavanger, Misjonshøgskolens forlag, 2010
- **Koulagna J.**, *Salomon de l'histoire deutéronomiste à Flavius Josèphe: problèmes textuels et enjeux historiographiques*, Paris, Publibook, 2009
- **Maier G.**, *Biblical Hermeneutics*, Wheaton, Crossway Books, 2005.
- **McQuilkin J.R.**, "Limits of Cultural Interpretation", in *JETS* 23/2, 1988, p. 113-124
- **Meynet R.**, «Comment établir un chiasme? À propos des "Pèlerins d'Emmaüs"», *NRT* 100/1978, p. 233-249

- **Moyise S.**, «Intertextuality and Biblical Studies: A Review», in *Verbum et Ecclesia JRG* 23(2), 2002, p. 419-428.
- **Mveng E. & Zwi Werblowsky R.J.**, *Black Africa and the Bible. L'Afrique noire et la Bible*, Actes du colloque de Jérusalem, du 24 au 30 avril 1972, Jérusalem, 1973
- **Piaget J.**, *Le structuralisme*, Paris, Seuil, 1968
- **Poucouta P.**, «Engelbert Mveng: une lecture africaine de la Bible», in *Nouvelle revue théologique* 120/1, 1998, p. 33-34.
- **Richelle M.**, *Guide pour l'exégèse de l'Ancien Testament. Méthodes, exemples et instruments de travail*, Charols, Excelsis, Édifac, 2012

- **Schlumberger L.**, «Les trois temps de la prédication», in *La prédication*, Paris, Édifier et former, 1996, p. 32-35
- **Todorov T.**, *Les Formes du discours*, cité dans Michel Corvin, *Qu'est-ce que la comédie*, Paris, Dunod, 1994
- **Wendland E.R.**, «Structural Symmetry and Its Significance in the Book of Ruth», document web in essays.wls.wels.net/bitstream/handle/.../777/ WendlandRuth.pdf, consulté le 29 novembre 2017.
- **Würthwein E.**, *The Text of the Old Testament*, Grand Rapids, Eerdmans Publishing Company, 1995.

Table des matières

www.ingramcontent.com/pod-product-compliance
Lightning Source LLC
Chambersburg PA
CBHW071440090426
42737CB00011B/1728
9780995898752